穿透历史的智慧光芒

——先秦诸子管理箴言42句

张兆端　编著

群众出版社
·北　京·

图书在版编目（CIP）数据

穿透历史的智慧光芒：先秦诸子管理箴言42句／张兆端编著．—北京：群众出版社，2016.4

ISBN 978－7－5014－5515－7

Ⅰ.①穿…　Ⅱ.①张…　Ⅲ.①管理学—思想史—研究—中国—先秦时代

Ⅳ.①C93－092

中国版本图书馆CIP数据核字（2016）第069612号

穿透历史的智慧光芒

——先秦诸子管理箴言42句

张兆端　编著

出版发行：群众出版社
地　　址：北京市西城区木樨地南里
邮政编码：100038
经　　销：新华书店
印　　刷：北京市庆全新光印刷有限公司

版　　次：2016年4月第1版
印　　次：2016年4月第1次
印　　张：9.5
开　　本：787毫米×1092毫米　1/16
字　　数：133千字

书　　号：ISBN 978－7－5014－5515－7
定　　价：35.00元

网　　址：www.qzcbs.com
电子邮箱：qzcbs@sohu.com

营销中心电话：010－83903254
读者服务部电话（门市）：010－83903257
警官读者俱乐部电话（网购、邮购）：010－83903253
公安业务分社电话：010－83905672

目　录

序言：先秦诸子管理智慧论要

中国传统文化奠基于先秦时代的春秋战国时期。诸子百家创造了一系列中华民族的不朽文化“元典”，构建了中华传统文化的基本体系。其在做人做事和治国理政等方面思考的主题之宏大、思想原理之深厚、智慧类型之互补、智慧内涵之丰富、历史影响之深远，值得今人反复研习和继承发扬。

习近平同志强调领导干部要爱读书读好书善读书，在阅读马克思主义理论著作和做好领导工作必需的各种知识书籍的同时，要阅读古今中外优秀传统文化书籍。特别是中华民族有着五千年的文明史，传统文化中的许多优秀文化典籍蕴涵着做人做事和治国理政的大道理。要通过研读优秀传统文化书籍，吸收前人在修身处事、治国理政等方面的智慧和经验，养浩然之气，塑高尚人格，不断提高人文素养和精神境界。

一、中国优秀传统文化的源头与根基

习近平同志在中共中央政治局第十三次集体学习时指出，培育和弘扬社会主义核心价值观必须立足中华优秀传统文化。牢固的核心价值观，都有其固有的根本。抛弃传统、丢掉根本，就等于割断了自己的精神命脉。博大精深的中华优秀传统文化是我们在世界文化激荡中站稳脚跟的根基。中华文化源远流长，积淀着中华民族最深层的精神追求，代表着中华民族独特的精神标识，为中华民族生生不息、发展壮大提供了丰富滋养。他强调，要讲清楚中华优秀传统文化的历史渊源、发展脉络、基本走向，讲清楚中华文化的独特创造、价值理念、鲜明特色，增强文化自信和价值观自信。

中国传统文化奠基于先秦时代的春秋战国时期。这一时期即处于德国哲学家雅斯贝尔斯所谓的“轴心时代”①。这是一个圣人云集、哲人坦陈、乐者放歌、群星灿烂的时代，是一个需要思想并产生了伟大思想的时代。在这段长达数百年的历史转型过程中，中国社会不仅在政治、经济上经历着深刻的治、乱变迁，而且在思想文化领域，也经历着一场巨大的革命，形成了先秦诸子百家争鸣、学术繁荣的思想大解放局面。儒、道、墨、法、兵等先秦诸子或著书立说，或聚徒讲学，或互相争鸣，或游说资政，使得此前处于萌芽状态的各种意识形态、神话传说、哲学观念、历史意识、文化科学等，得以以成熟的形态凝聚、荟萃，创造了一系列中华民族的不朽文化“元典”②，构建了中华传统文化的基本体系，为中华文化此后两千多年的持续发展奠定了宽厚而坚实的思想根基、注入了具有持久生命力的文化基因。诸子百家既给后世留下了珍贵的文化遗产，也给后人留下了广阔的发挥余地和想象的思想空间。我们应该好好珍惜、保护和继承、发扬。因此，阅读传统文化书籍，学习传统管理智慧，首先应当追根溯源，从先秦诸子经典入手，承接好中国传统文化的源头活水。

---

① 德国哲学家雅斯贝尔斯在1949年出版的《历史的起源与目标》一书中考察提出：公元前800年至公元前200年之间，尤其是公元前600年至公元前300年之间，是人类文明的“轴心时代”。这段时期是人类精神文明对原始文化的重大超越和突破时期。在轴心时代里，各个文明都出现了伟大的精神导师——古希腊有苏格拉底、柏拉图、亚里士多德，以色列有犹太教的先知们，古印度有释迦牟尼，中国有孔子、老子……他们提出的思想原则塑造了东西方不同的文化传统，也一直影响着后世人类的生活。

② 冯天瑜教授认为，所谓“文化元典”是指在一个民族的历史发展进程中，成为其生活指针的那些具有思想的首创性、涵盖面的广阔性和思考的深邃性的典籍。（冯天瑜著：《中国元典十六讲》，郑州大学出版社2006年版，第1页。）

鉴于此，本书从先秦诸子经典中，以作为“群经之首”、百家之源的《周易》，儒家经典《论语》、《孟子》、《大学》、《中庸》，道家经典《老子》，墨家经典《墨子》，法家经典《韩非子》，管仲学派经典《管子》，兵家经典《孙子兵法》等七家经典为蓝本，分别撷取六句（共42句）箴言，解说其所蕴涵的丰富的人生理念和治政智慧。我们知道，司马谈在《论六家要旨》中，仅就儒家典籍就说过：“六艺经传以千万数，累世不能通其学，穷年不能究其礼。”中国古代典籍浩如烟海，“穷年不得尽其观”，特别是各级领导干部，往往没有充足的时间通读所有诸子经典全文，只能掌握其核心的思想观点。正如庄子所言：“吾生也有涯，而知也无涯。”基于这样的考虑，本书把每一家诸子学派的思想都集中概括为六句箴言。这样概括的标准有三：一是这家的核心思想；二是这些思想对后世的影响巨大；三是这些思想箴言尽管简约但并不简单，它们蕴涵着许多可供今人继承和发扬的管理智慧。

诸子百家浮雕

二、先秦诸子经典中的治国理政思想及智慧

在研读先秦诸子经典时，应注重从以下几个方面深刻领悟其蕴

涵的大思想、大智慧。①

（一）宏大的思考主题

在治、乱频繁交替的春秋战国社会背景下，诸子百家顺应人心思治、人心思变的时代要求，思考的多是人类生存与发展的根本问题，其核心主题指向“治理”，涉及以人（民）为本、修身齐家、治国理政以及军事外交等。以“人（民）本”理念和社会治理理想为例，儒家经典中，《尚书》提出：“民惟邦本，本固邦宁。”《论语》提出：“修己以安人（民）”，“因民之所利而利之。”孔子主张统治者应体察民情，爱惜民力，“节用而爱人”，使百姓“足食”，国家“足兵”，取得“民信”。《孟子》在中国政治思想史上首次提出了“民为贵，社稷次之，君为轻”的辉煌命题。《孟子》指出：“仁者爱人，有礼者敬人。爱人者，人恒爱之；敬人者，人恒敬之。”《荀子》主张“仁义”和“王道”，引述前人之言说：“君者，舟也；庶人者，水也。水则载舟，亦则覆舟”。《礼记》描绘说：“大道之行也，天下为公，选贤与能，讲信修睦……是谓大同。”《墨子》主张：“仁之事者，必务求兴天下之利，除天下之害。”《管子》更是强调：“夫霸王之所始也，以人为本。本理则国固，本乱则国危。”“政之所行，在顺民心；政之所废，在逆民心。”正因为诸子百家思考和表达的多是人类生存与发展的根本问题，故其智慧光芒穿透历史，思想价值跨越时空，成为人类共有的精神财富。

（二）深厚的思想原理

从原理层面看，先秦诸子各主要学派在治理方面都提出了鲜明而深厚的思想观点。《周易》智慧的原理是“谋变”，主张阴阳变易，即运动变化、唯变所适。儒家治理智慧的原理是“谋圣（心）”，即从加强自身道德修养和征服人心入手，为王道理想献身。《论语》强调：“为政以德，譬如北辰，居其所而众星共之。”《孟子》提出：“以德服人者，中心悦而诚服也。”“得天下有道：得其民，斯得天下矣。得其民有道：得其心，斯得民矣。”道家以“道”说明宇宙万物的本质、本源、构成和变化，认为天道无为，万物自

① 这部分内容曾以《先秦诸子大智慧》为题发表于《吉林日报》2015年11月10日，第8版。

然化生，否认上帝鬼神主宰一切。故道家治理智慧的原理是“谋道”。《老子》提出：“人法地，地法天，天法道，道法自然。”主张按客观规律办事，清静无为，顺势而治，反对妄为和过度干预。《墨子》治理智慧的原理是“谋利”，即兴“天下之利”，谋“万民之利”，为天下苍生尽责。法家治理智慧的原理是“谋势”，《韩非子》指出：“抱法处势则治，背法去势则乱。”兵家治理智慧的原理是“谋胜”，即《孙子兵法》所谓“上兵伐谋”、“不战而屈人之兵”，主张用智慧谋取最大的胜利。管仲学派治理智慧的原理是“谋霸”，即追求霸道、成就霸业。《管子》提出了“治国富民”的霸业途径和目标。孔子赞扬道：“桓公九合诸侯，不以兵车，管仲之力也。”司马迁也高度评价：“齐桓公以霸，九合诸侯，一匡天下，管仲之谋也。”

（三）互补的智慧类型

先秦诸子的治理智慧在应用层面上呈现出不同的治理类型和多元互补的治理模式。《周易》的治理类型可以概称为“宇治”，它创造了一个试图解构天、地、人功能结构与运动规律的宏大的思想体系，为国人全面认识自然、社会以及人生提供了一种“天人合一”的宇宙观。儒家的治理类型属于“德治”，主张实施“仁政”，倡导以道德教化与修养为基础的治理方式。儒家经典《礼记·大学》开篇即曰：“古之欲明明德于天下者，先治其国；欲治其国者，先齐其家；欲齐其家者，先修其身；欲修其身者，先正其心；欲正其心者，先诚其意；欲诚其意者，先致其知，致知在格物。物格而后知至，知至而后意诚，意诚而后心正，心正而后身修，身修而后家齐，家齐而后国治，国治而后天下平。”儒家以“修身、齐家、治国、平天下”为治理纲要，以实现“内圣外王”为目标。道家的治理类型为“道治”，《老子》以“道法自然”为治理纲要，倡导“无为而治”、“治大国若烹小鲜”的治理方略，可谓是举重若轻。墨家的治理类型是“义治”，强调“仁者之为天下度”的政治责任，追求社会公平正义，开启了中国传统的侠义文化。法家的治理类型是“权治”，是以为政者特别是君主的至高无上的权力为基础，以管治好民众和臣子，使之不能为所欲为为目的的治理方式。兵家的治理类型是“谋治”，是以谋略为基础的治理方式，强调利用形势、时机、奇正等机智的思路进行治理、谋取胜利。管子的治理类型是“综治”，即综合治理。管仲学派综合百家之说，既重视“礼义廉耻”之道德“四维”建设，又强调：“凡有地牧民者，务在四时，守在仓廪……仓廪实则知礼节；衣食足则知荣辱。”提出用道德和法令规范人君、大夫、官长、士民、庶民都要忠于职守，专心致志务好本职工作。

（四）丰富的智慧内涵

《周易》作为“群经之首”、百家之源，最早提出了“天、地、人三才之道”的伟大学说。北宋哲学家张载在此基础上正式提出了“天人合一”的命题。这个学说早就深入中华民族之心灵，贯穿于中华民族的人伦日用之中，牢固地培育了中华民族乐于与天地合一、与自然和谐的精神。《周易》还为国人提供了“人文化成”的文化观，自强不息、厚德载物的民族精神，穷则思变、革故鼎新的创新观，安不忘危、治不忘乱的忧患意识等。

儒家作为中华文化的主流学派，以德治为核心，强调“内圣外王”。除了确立“修齐治平”的治理纲要和“修己安人（民）”的为政之德外，《论语》还提出了推己及人、忠诚信义的公共道德准则：“己所不欲，勿施于人”，“己欲立而立人，己欲达而达人”；“和而不同”的和谐价值理念；“中庸之道”的方法论和处事准则；“有教无类”、“因材施教”的平等教育观等。

道家研究的是关于生存和自保的智慧，除倡导“道法自然”的治理纲要、“无为而治”的治理方略外，还特别强调“上善若水”、谦容不争、贵柔处下的人格修养：“上善若水，水善利万物而不争。”“以其不争，故天下莫能与之争”。《老子》还提出了领导者的四重境界：“太上，不知有之；其次，亲而誉之；其次畏之；其次，侮之”；贵柔守弱（“反者道之动”，“弱者道之用”），“柔弱胜刚强”的生存谋略；“福祸相依”、物极必反的朴素辩证法；“知人者智，自知者明。胜人有力，自胜者强”和“知足不辱，知止不殆”的人生观；谦虚力行的管理风范：“千里之行，始于足下。”“图难于其易，为大于其细；天下难事，必作于易；天下大事，必作于细。”

墨家研究的是为民之道，《墨子》反对儒家所强调的社会等级观念，提出了“兼相爱、交相利”的社会治理理念，“尚贤事能”的人才管理思想，上下“尚同”的政治原则，主张“节用”、“节葬”“非乐”，反对统治者骄奢淫逸，处处维护平民的生存权。

法家研究的是为君之道。《韩非子》倡导“以道为常，以法为本”的治理取向，提出“法不阿贵，绳不绕曲”和“赏莫如厚而信，使民利之；罚莫如重而必，使民畏之；法莫如一而固，使民知之”的法治原则。主张实施以（权）势为尊的集权治理，重在人为的权力运用。法家把治理的重点指向官吏队伍，并设计了以术为用的控制技巧。《韩非子》说：“闻有吏乱而有独善之民，不闻有乱民而有独治之吏。故明君治吏而不治民。”“故吏者，民之本，纲者也，故圣人治吏不治民。”“术者，因任而授官，循名而责实，操生杀之柄，课君臣之能者也。”“明君治吏而不治民”的治理取向和“因任授官，循名责实”的用人考核原则，对于今天的公务员管理和绩效考核仍然具有指导意义。另外，《韩非子》提出的“宰相必起于州部，猛将必发于卒伍”，对于今天注意从基层一线培养、锻炼和提拔干部仍然具有现实指导意义。

兵家研究的是谋胜之道。兵家追求的最高战略目标是“全胜”或“完胜”，即《孙子兵法》所言：“故百战百胜，非善之善者也；不战而屈人之兵，善之善者也。”为实现这一理想目标，孙子提出了运筹帷幄的战略思想。首先要“知己知彼”，经之以“五事”（道、天、地、将、法），校之以“七计”（主孰有道、将孰有能、天地孰得、法令孰行、兵众孰强、士卒孰练、赏罚孰明）。经过“庙算”运筹，做出慎重决策，“合于利而动，不合于利而止”，便能保证取得胜利。孙子提出了“为将五德”的品质要求，即“将者，智、信、仁、勇、严也。”兵家设计的各种策略手段的运用艺术均可以概括为“正合奇胜”。孙子指出：“凡战者，以正合，以奇胜。”“战势不过奇正，奇正之变，不可胜穷也。”

管子研究的是争霸之道，即成就霸业之道[①]。《管子》兼各家之长，综合施策，主张道德教化、富民生产与实行法治相结合。提出“心处其道，九窍循理”的治理规律。认为人体的心脏，犹如国君的位置。人体九窍的职能，犹如百官的职位，只有心脏运行正常，人体九窍才能跟着正常运转。《管子》还提出了至今仍具现实指导意义的人力资源管理原则：“敬而待之，爱而使之”；“审时察用而备官”；“选天下之豪杰，致天下之精材，来天下之良工”；“使智者尽其智，谋士尽其谋，百工尽其巧。”

（五）深远的历史影响

《周易》关于阴阳变易的宇宙观已经深深渗透到国人的思维方式和日常生活之中，其倡导的自强不息、厚德载物，早已成为激励中华民族不断奋进的精神力量；儒家的“入世”情怀、“有为”担当与道家的“出世”境界、“无为”智慧互补，共同构成了中华民族完整的精神家园。特别是孔子提出的“己所不欲，勿施于人”的推己及人的思想成为联合国等国际组织推广的公共道德准则，“和而不同”的理念则成为我国构建社会主义和谐社会和推行和平外交政策的思想基石；“儒法并用”、“阳儒阴法”构成了中国两千多年封建社会相对稳定的政治统治方式，包含着处理德治与法治关系的诸多经验与教训；墨家务求为天下兴利除害的平民情怀和侠肝义胆，非常值得今天的为政者学习和发扬光大；以《孙子兵法》为核心的兵家谋略不仅影响中国整个古代军事实践，自近代至今更是传至西方、影响世界，已经远远超越军事领域，广泛渗透运用于政治、经济、外交、文化领域；管子以治国富民为目标，倡导德法并治尤其值得

---

① 在先秦诸子的政治主张和治理模式中，一向有“王道”与“霸道”之分。所谓王道，是指说君主以仁义治天下，以德政安抚臣民的统治方法。所谓霸道，是指以武力、刑罚、权势等统治天下的方式。战国时孟子主张以仁义治理天下，称为王道；把以武力征服天下，称为霸道，说“五霸（春秋五霸）者三王（夏禹、商汤、周文王）之罪人也”（《孟子·告子下》）。所以，王道也指圣王之道。《尚书·洪范》：“无偏无党，王道荡荡。”荀子认为王道、霸道只是程度不同，主张王霸并用，赞扬建立霸业的齐桓公、管仲“古之人有大功名者”（《荀子·王霸》）。至宋代程朱理学把汉唐之政与三代之政相对立，认为汉唐之政是历史的倒退，但遭到陈亮的批驳，认为汉唐之政与三代之政没有本质区别，提出“王霸并用，义利双行”的观点（《龙川文集·又甲辰答朱元晦书》）。

后人总结。

尽管由于时代的限制，诸子百家的思想主张不可避免地具有其历史的局限性，但只要我们善于运用唯物辩证法的立场、观点和方法，剔除其糟粕、吸取其精华，加以创造性转化和创新性发展，仍可得到许多有益的思想启迪和历史借鉴。

先秦诸子治政智慧图解

背景	学派	主题	原理	类型	核心内涵
春秋战国 百家争鸣	周易	治理：以人为本；修身齐家；治国理政；军事外交	谋变	宇治	天、地、人三才之道
	儒家		谋圣	德治	王道：内圣外王
	道家		谋道	道治	自然之道：无为而治
	墨家		谋利	义治	为民之道：兼爱交利
	法家		谋势	权治	君道：抱法处势
	兵家		谋胜	谋治	胜道：不战而胜
	管子		谋霸	综治	争霸之道：治国富民

为了方便大家阅读，本书对选取的先秦诸子学派的每一句箴言，都采用【出处】【原文】【释义】【解读】的方式加以阐释，不但对原文进行精炼的释义，而且紧密结合现代管理理论与实践对其进行创造性转化，以赋予其时代价值，丰富我们修身为学和治国理政的智慧。当然，读者特别是领导干部如果能调整好时间和锻炼自己的学习毅力，最好备一套诸子经典原著置于床头案边，时常翻阅，慢慢领悟。诚如斯言，善莫大焉，必终生受益！

《周易》管理智慧六句箴言

中华民族人文始祖——伏羲

《周易》包括《易经》与《易传》两部分。《易经》源远流长。据《周易·系辞下传》载："古者包牺氏（即伏羲）① 之王天下也，仰则观象于天，俯则观法于地，观鸟兽之文与地之宜，近取诸身，远取诸物，于是始作八卦，以通神明之德，以类万物之情。"后周文王姬昌演易为六十四卦。《易经》主要是六十四卦和三百八十四爻，卦和爻各有说明（卦辞、爻辞），作为占卜之用。由于《易经》深奥难懂，因此先秦时期便出现了对其详细解释的《易传》。相传《易传》出于孔门之手，包含解释卦辞和爻辞的七种文辞共十篇，统称《十翼》。孔门作《易传》，标志着孔子开创了易学。

春秋时期，官学开始逐渐演变为民间私学。易学前后相因，递变发展，百家之学兴，易学乃随之发生分化。自孔子赞易以后，《周易》被儒门奉为儒门圣典，六经之首。而儒门之外，"有两支易学，与儒门易并列发展：一为旧势力仍存在的筮术易；另一为老子的道家易。所以自孔子赞易起，中国易学开始分为三支"。可见，《周易》开启了先秦诸子百家的思想，是中国传统文化的源头活水。《周易·说卦》曰："是以立天之道，曰阴曰阳；立地之道，曰柔曰刚；立人之道，曰仁曰义，兼三才而两之，故《易》六通而成卦"。大家看上面这段话中的"阴阳"、"柔刚"、"仁义"，正好一个是《易经》的核心思想——阴阳变易；一个是道家的核心思想——贵柔守弱、以柔克刚；一个是儒家的核心思想——仁义道德。

《周易》是一部由占卜术包裹着的百科全书，它创造了一个试图

① 伏羲（生卒不详），风姓，燧人氏之子。又写作宓羲、庖牺、包牺、伏戏，亦称牺皇、皇羲、太昊，史记中称伏牺。又称青帝，是五天帝之一，生于成纪，所处时代约为旧石器时代中晚期。伏羲是古代传说中中华民族的人文始祖，是中国古籍中记载的最早的王。相传伏羲人首蛇身，与女娲兄妹相婚，生儿育女，他根据天地万物的变化，发明创造了占卜八卦，创造文字结束了"结绳记事"的历史。他又结绳为网，用来捕鸟打猎，并教会了人们渔猎的方法，发明了瑟，创作了曲子。伏羲称王一百一十一年以后去世，留下了大量关于伏羲的神话传说。

对自然、社会以及人生做出统一解释的宏大的思想体系。其内容极其丰富，对中国几千年来的政治、经济、文化等各个领域都产生了极其深刻的影响，广泛地渗透在人们的生活方式、伦理道德、风俗习惯、价值观念、思维方式里。《周易》作为中国传统思想文化中自然哲学与人文实践的理论根源，是古代汉民族思想、智慧的结晶，被誉为“群经之首”、“大道之源”。它不仅对中国哲学思维的建构和民族精神的锻铸具有恒久的影响力，而且蕴涵着丰富的管理思想和智慧，可供今人深入挖掘和发扬光大。

箴言一
与天地合其德，与日月合其明，与四时合其序。

【出处】

《周易·文言》

【原文】

夫“大人”者，与天地合其德，与日月合其明，与四时合其序，与鬼神合其吉凶，先天而天弗违，后天而奉天时。天且弗违，而况于人乎，况于鬼神乎？

【释义】

大人的德性，要与天地的功德相契合，要与日月的光明相契合，要与春、夏、秋、冬四时的时序相契合，要与鬼神的吉凶相契合。在先天而言，它构成天道的运行变化，那是不能违背的自然功能。在后天而言，天道的变化运行，也必须奉行它的法则。无论先天或后天的天道，尚且不能违背它，何况是人呢？更何况是鬼神啊！

【解读】

按照《周易》原理，理想的管理者总是与天地、日月、四季的特质相适应，绝不违背自然的规律。这样，各类管理活动实际上就被放置在一个天人一体的管理环境之中，都遵循并适应着客观规律的发展，并应秉持整体性思维。这就奠定了中国古代管理智慧的哲学基础。

《周易》认为，宇宙是一个动态、开放，而又内外、上下、左右各部分相互联系、相互贯通的整体。每个事物都在运动着，别的事物影响着它，它也影响着别的事物。《易·系辞下传》说：“《易》之为书也，广大悉备。有天道焉，有人道焉，有地道焉。兼三才而两之，故六。六者非它也，三才之道也。”说的是《易经》这部书的内容之所以广大而完备，博大而精深，就因为它专门系统地研究了天、地、人三才之道。六画卦之所以成其为六画卦，就是由于它兼备了天、地、人三才之道而两两相重而成的。所以说，六画卦，并非是别的什么东西，而就是天、地、人三才之道。

《周易》最早最明确最系统最深刻地提出了“天、地、人三才之道”的伟大学说。北宋著名哲学家张载在此基础上正式明确提地出了“天人合一”的命题。这个学说早就深入中华民族之心灵，贯穿于中华民族的人伦日用之中，牢固地培育了中华民族乐于与天地合一、与自然和谐的精神。

同样，每一个现代国家及组织的领导者也都应探讨和遵循整体管理的天、地、人三才之道。在现代，实施国家及组织治理的“天”，即我们所处的国家、社会环境及传统文化；“地”是我们所处的组织环境及社区环境，“人”是全体公民和组织成员。治国理政的目标就是要顺应天时、借助地利，实现人和。这必然要求现代国家及组织的领导者，要把管理置于构建人与人、人与社会、人与自然和谐相处、协同共进的大环境中来筹划和实施。

箴言二

一阴一阳之谓道，继之者善也，成之者性也。

【出处】

《周易·系辞上传》

【原文】

一阴一阳之谓道，继之者善也，成之者性也。仁者见之谓之仁，知者见者谓之知，百姓日用而不知。

【释义】

《周易》把一阴一阳的对立转化称作道，认为继承它的是善，成就它的是本性。仁人看见它叫做仁，智者看见它叫做智，百姓每天都在用它而并不晓知。

【解读】

《周易》认为，任何事物都处于不断的变化之中，而运动变化的根本原因是阴阳二者的对立统一。在周易中，凡是积极、刚健的事物都属阳，因此“阳”代表天、日、昼、刚、健、男、君、夫、大、多、上、进、动、正、进攻，等等；消极、柔弱的事物则属阴，因此“阴”代表地、月、夜、柔、顺、女、臣、妻、小、少、下、退、静、负、防御，等等。阴阳交变乃是《周易》的基本原理。正如《庄子》所言：“易道以阴阳”。也就是说，任何事物的变化都是阴阳两种力量对立、统一的结果，在观察事物的性质时必须从对立的两方面入手，才能认识事物的真实性质。

在易经体系中，“阴”、“阳”两种属性的对立统一集中地体现在“太极”范畴之内。“是故《易》有太极，是生两仪。两仪生四象。四象生八卦。八卦定吉凶。吉凶生大业。”（《易·系辞上传》）太极有宇宙本体之义，由太极而衍生出来的两仪、四象、八卦等观念都是对宇宙系统的揭示。太极图是对卦爻象的高度概括，是对宇宙中阴阳关系的形象描述，从中可以寻绎事物的相互转化、消长、盈亏、平衡、发展的规律。太极图中的圆圈代表太极，即任何事物的根源或起点，代表了一个整体的聚集点。在太极之内含有两条黑白的阴阳鱼，黑色的代表阴鱼，白色的代表阳鱼。阴阳两鱼一方面处于对立的状态，但中间交合处的“S”型曲线表明它们又相互紧密地结合在一起，具有相互支持的互补的一面，而不是用简单的直线将它们生硬地拼凑在一起。而且，黑鱼有一白眼，白鱼有一黑眼。代表了“阴中有阳，阳中有阴”的互含、互容的关系。阴阳两鱼首尾相衔，环抱成一体，展示了宇宙万物阴阳消长、“物极必反”、运行不息的永恒发展趋势。这样，太极图就包含了阴阳互补、互含、统一的三层意义。

现代组织管理也需要把握阴阳一体的道理。在组织内部，如果说制度管理、从严治理是阳，那么情感管理、文化管理就是阴；如果说强化领导权威是阳，那么注重给予组织成员足够的尊重就是阴；如果说实施绩效考核和实行奖惩管理是阳，那么提倡民主管理和激励管理就是阴；等等。

与阴阳观念紧密相连，刚柔之说，也是《周易》中非常重要的思想。在其诸多卦辞象中，不时可以看到刚柔的字样。刚和柔分别是天与地、乾与坤各自所固有的德性。乾（即天，属阳）的德性为刚，代表刚强、进取。坤（即地，属阴）的德性为柔，代表柔顺、宽容。《周易》揭示了刚和柔二者的辩证关系。认为二者是相随相伴，相应相推，相合相济的关系，正像天与地相应，阴和阳相和一样。即所谓“阴阳合德，而刚柔有体，以体天地之撰。”（《易·系辞下传》）阴阳相互结合，刚柔也要相应相济，这样才能化育世界万物。

《周易》所揭示的刚柔相济的思想，在领导实践中具有重要的意义。一方面，刚与柔是领导者必备的两大基本品格，缺一不可。另一方面，刚柔相济又是一种高超的领导艺术。刚是立身之本，无刚难以自立，更难成事。柔是养性之基。只有具备融合的品性，即具有豁达大度，包容万物，谦恭谨慎，不骄不躁的品格，才能在错综复杂的社会矛盾中，左右逢源，游刃有余。正如曾国藩所说：“近来见得天地之道，刚柔互用，不可偏废，太揉则靡，太刚则折。”这是曾国藩为官一世的经验总结。总之，能柔能刚，能圆能方，能退能进，能弱能强，做一名刚而不愎、柔而不弱、刚柔兼备、刚柔适度的领导者，才是高明的领导者。

箴言三

观乎天文以察时变，观乎人文以化成天下。

【出处】

《周易·贲卦》

【原文】

刚柔交错，天文也。文明以止，人文也。观乎天文以察时变；观乎人文以化成天下。

【释义】

刚柔交错，是天文。文明而止，是人文。观察天文来考察四时的变化，观察人文来教（感）化天下之人，使其均能遵从文明礼仪，行为止其当止。

【解读】

《周易·贲卦》曰："观乎天文以察时变；观乎人文以化成天下。"这里一方面把"人文"与"天文"相对照，同时又将"人文"与"化成天下"相关联。这里的"文"从纹理义演化而来，"天文"指天道自然规律，"人文"指社会人伦规律，具体指社会生活中人与人之间的各种纵横交织的关系，即人伦序列。意指治国者必须观察天道自然的运行规律，以明耕作、渔猎的时序；又必须把握现实社会中的人伦秩序，以明君臣、父子、夫妇、兄弟、朋友等等级关系，以使人们的行为合乎文明礼仪，并由此而推及天下。当时商周社会中的"人文"大抵不外文治教化、诗书礼乐之类，故唐人孔颖达在《周易正义·疏》中解释"观乎人文以化成天下"一句时说："圣人观察人文，则诗书礼乐之谓，当法此教而化成天下也。""人文"与"化成天下"紧相连接，已逼近"以文教化"的表达方式。这其中已有从精神、思想的角度阐释文化内涵的意味，可以看做是中国传统的"文化"一词的基本含义。

西汉以后，"文化"正式作为专用名词使用，如"圣人之治天下也，先文德而后武力。凡武之兴，为不服也，文化不改，然后加诛。夫下愚不移，纯德之所不能化，而后武力加焉”（刘向：《说苑·指武》）；“文化内辑，武功外悠”（束皙：《补亡诗·由仪》）；“有文事者，必有武备；有武事者，必有文备”（司马迁：《史记·孔子世家》），等等，都大体沿袭此义，指以体现道德政治伦序的诗、书、礼、乐教化世人，与武力征服相对应。总之，中国古代的“文化”概念，基本属于精神文明（或曰狭义文化）范畴，大约指封建王朝施行的文治和教化的总称，与天造地设的自然相对称（即“人文”与“天文”相对），与无教化的“质朴”和“野蛮”形成反照（即“文”与“质”、“野”相对）。

文化概念发展到今天，大体包括三个层面的含义：广义文化观，中义文化观和狭义文化观。广义文化观将文化理解为物质财富和精神财富的总和。认为文化以物质为载体，同时又包含了人类精神文化之底蕴，文化的对应物为自然界。中义文化观将文化理解为社会意识形态及与之相适应的制度和组织机构，认为文化不仅包含人类精神的创造物——思想，还包括思想的外化物——制度。基于此种认识，认为文化的对应物是物质。狭义文化观将文化理解为社会意识形态或观念系统，认为文化的对应物是社会存在。

在本质上，文化是人类生存和发展的基本方式。或者说，文化是人类在基本活动方式上告别自然界、区别于其他动物的根本标志。用哲学的语言概括，文化的本质内涵就是“人化”和“化人”。所谓“人化”，就是“自然的人化”，指的是人类以自身的智慧和力量，按照人类生存、发展的需求去适应、利用、改造自然世界，使任何事物都带上人文的性质，满足人类生活的需要。人类的高明与伟大之处就在于在客观自然世界的基础上又创造出了一个属于人类自身的“人化世界”。所谓“化人”，即“以文化人”，用今天的话来说，就是用人类创造的文化成果反过来教育人、熏陶人、感染人、提高人、造就人，让文化以潜移默化的方式影响人的思想意识和言行举止，从而提升人的思想觉悟、道德修养、精神境界和综合素质，使人的发展更全面、更自由。“人化”是文化的本源和本质，“化人”则是“人化”的功能和境界。

党的十七大报告提出：“当今时代，文化越来越成为民族凝聚力和创造力的重要源泉、越来越成为综合国力竞争的重要因素，丰富的精神文化生活越来越成为我国人民的热切愿望。坚持社会主义先进文化前进方向，兴起社会主义文化建设新高潮，激发全民族文化创造活力，提高国家文化软实力，使人民基本文化权益得到更好保障，使社会文化生活更加丰富多彩，使人民精神风貌更加昂扬向上。”

党的十八大报告指出：“文化是民族的血脉，是人民的精神家园。”这是对文化在人类社会生活中的整合功能所作的一种形象表述。在这里，“血脉”直接与人们的“骨架”相对应，泛指支撑人们生活的精神系统和保持人类绵延发展的文化传统。文化的生命力，在于它的精神血脉可以传承延续。以中华文化为典型的世界上最具生命力、最优秀的民族文化，在历史发展过程中往往都是血脉相连、一脉相承的。在这种“民族的血脉”之中保存和传承着该民族文化的“基因”或精髓。“精神家园”直接与人们的“物质家园”相对应，泛指人们的心灵追求和精神期盼。在更多的场合，则指建立在理性思维和理想信念基础之上的文化认同和精神寄托。精神家园既可以指一个人的精神归宿，也可以用来指一定群体和一定民族的精神世界。一个人、一个群体、一个民族、一个国家若没有成熟的文化，就等于没有灵魂，就会失去凝聚力。

箴言四

天行健，君子以自强不息；地势坤，君子以厚德载物。

【出处】

《周易·乾卦》《周易·坤卦》

【原文】

《象》曰："天行健，君子以自强不息。"

《象》曰："地势坤，君子以厚德载物。"

【释义】

《象传》说，天道刚健，生生不已。君子应效法天体运行，刚健有为、自强不息。

《象传》说，大地柔顺无比，德性丰厚，能够承载万物，包容一切。君子应效法大地，用深厚的德泽来化育人物。

《说卦》："坤，顺也。"

【解读】

自强不息，厚德载物，是中华民族精神的内核，在中华民族发展史上起到了独特而不可替代的作用。任何一个民族要想求得持久发展，都不能缺少拼搏进取的精神和包容万物的胸怀。

"自强不息"一词出于《周易》的《乾》卦《象》辞"天行健，君子以自强不息"一语。"天行健"，自然万物运动不止，其中蕴涵着运动规律。自强不息是效法"天行健"这种自然现象和认识、遵循这些运动规律而产生的人文精神内容。意思是说：自然按照一定的规律运动，刚强劲健；君子为人处世，也应像天道运行一样，自我努力学习，追求进步，刚毅坚卓，发奋图强，不屈不挠，永不停息。"自强不息"既可以就一个人而言，也可以就一个国家而言。一个人面临挫折，不自卑，不自弃，不断学习，提高自己，有强烈的社会责任感和历史使命感，努力奋斗，这是自强不息。一个国家、民族，遭遇困难，不灰心，不懈怠，发奋图强，励精图治，也是自强不息。

中华民族是一个伟大的民族，有着悠久、灿烂的文明史。近代以来，由于生产力水平落后、封建专制束缚、外国列强侵略，中国在现代化过程中落伍了。但经过百余年的不懈探索，中华民族现在又阔步走上文明、富强的复兴之路。这一历史巨变过程生动地体现了中华民族的自强不息精神。

“厚德载物”一词出于《周易》德《坤》《象》辞“地势坤，君子以厚德载物”一语。“厚德”何以能“载物”？“德”与“物”有什么内在联系？按照古人的说法，厚德来自大地的秉性，大地柔顺无比，德性丰厚，无不承载，宽厚能容万物。这里的“物”既指自然之物，也指社会存在。对于自然之物，厚德之载，意味着滋生万物，顺承天意；对于社会存在，厚德之载，意味着继善成性，成为谦谦君子。自从有了这种理念，古人把它用于社会生活实践，成为一种深入人心的精神。可以说，“厚德载物”一词高度浓缩了中国传统文化重视道德修养的精神特质和宽厚包容的博大胸怀。

在市场经济迅猛发展的今天，中国社会在价值观、制度体制、行为方式和精神信仰等方面都处于转型时期。因此，我们有必要重新认识“厚德载物”理念及其所彰显出来的精神价值。现代社会价值观的重建，依然需要“厚德”，即对自身德性的长养、积累和培固；需要“载物”，即对自然的认知，对社会的宽厚和包容。可以想象，如果人人能努力做到“厚德载物”，就能推进和谐社会的构建和公平正义的实现。

《周易》关于自强不息、厚德载物的哲思，不仅是对人类“法天”、“法地”的忠告，还在一定程度上升华为人的内在需要、人的生命目的本身。经过几千年中华文明的发展，自强不息、刚健有为的进取意识和厚德载物、海纳百川的宽广胸怀，已经演变成为中华民族精神的核心内涵。

箴言五

易，穷则变，变则通；革，去故也；鼎，取新也。

【出处】

《周易·系辞下传》《周易·杂卦》

【原文】

易，穷则变，变则通，通则久也。

革，去故也；鼎，取新也。

【释义】

事物发展到极端，就应当发生变化；经过变化，事物的发展才不会僵滞；只有不僵滞，它才能永葆生命力。

革，顾名思义，指变革、革命，破旧立新；鼎，是用来承接革的结果的，故取意更新。革故鼎新这一成语即由此而来。

【解读】

《周易》提出了人的思维方式和治国理政原则，应当遵循阴阳变易的普遍法则，即“穷则思变”、“革故鼎新”。《周易》的这一思想蕴涵着深刻的管理智慧，也就是说，要成就一番事业，必须善于权变，变化、创新是成功的关键；求稳惧变、抱残守缺，只能自甘落后、自我沦落。

《周易·系辞下传》曰：“易，穷则变，变则通，通则久也。”意思是说：事物到了尽头就要发生变化，变化了就有新的办法和新的出路，而这种不断寻求新出路的变化才是长久之道。这是成语“穷则思变”的出处。《说文·穴部》：“穷，极也。从穴，躳（躬）声”。从字形上看，仓颉在造“穷”这个字时，是说一个人被困在洞穴之下，正在弯着身体用力挣脱，所以繁体字里，“穷”字写作“窮”，穴字下面，左边一个身体的“身”字，右边是一个弓形的“弓”字。“穷”字的本义是指处于困境中，到了穷尽、完结程度的意思。《辞海》释义为“困窘”。从其结构看，弓着身子窝曲在狭小空间内，很显然是表示处境异常艰难。显然，人一旦到了这种困境，也就没有什么好顾忌的了，惟有拼出一条生路才可以改变命运。正如“文革”中耳熟能详的一则《毛主席语录》所说：“穷则思变，要干，要革命。”但不能不说，现代被简化了的“穷”字，其本意基本丧失。《现代汉语词典》将其解释为“生活贫困，缺少钱财”，更是丢失本义，拾取了引申义而已。

《周易·杂卦》曰：“革，去故也；鼎，取新也。”“革”卦，重在去除旧；“鼎”卦，重在追求新。这是成语“革故鼎新”的出处。其要旨在于强调坚持变革，去旧更新，表达了中国先哲们重视变革、不断求新的思想境界。这种不断变革、积极更新的进取精神，鼓励着一代又一代的中国人在落后时奋起，在保守时求新变革，形成了中华民族生生不息的顽强拼搏精神，是五千多年文化绵延不息的精神动力。改革开放30多年来，改革创新已经升华为中华民族最为显著的时代精神，成为实现中华民族伟大复兴中国梦的强国之本。

《周易·系辞上传》曰：“富有之谓大业，日新之谓盛德。”丰富充实就是伟大的功业，不断更新、每天都有新的进步就是伟大的品德。因为富有，所以才说业绩伟大；因为日新，所以才称德性隆盛。宇宙的运动时刻不停息，日新又新。宇宙是一个生生不已、新新相续的创造领域，人道之本即在于领悟并实践这种新新相续的生命境界。

根据黄优仕的《周易名义考》，《周易》的“易”字含义有四说：其第四说为“一易三义说”。郑康成曰：“易一名而含三义：简易一也，变易二也，不易三也。”多数人认为《周易》之“易”主要是“取变化之义”。将前人提出的“易”之三义转化运用于现代管理中，所谓变易，就是指管理的战略战术必须随着社会环境的发展变化而发展变化；所谓不易，是指管理的基本规律和原则要相对稳定，不易变来变去；所谓简易，则指不能把简单问题复杂化，把常规问题非常化，要反对官僚主义和形式主义，强调在遵循客观规律的基础上，实施简单管理。

箴言六

安而不忘危，存而不忘亡，治而不忘乱。

【出处】

《周易·系辞下传》

【原文】

子曰："危者，安其位者也。亡者，保其存者也。乱者，有其治者也。是故君子安而不忘危，存而不忘亡，治而不忘乱，是以身安而国家可保也。"

【释义】

孔子说："危险的，由于过去平安地处在他的位子上（忘记危险）。灭亡的，由于过去保持他的存在（而忘记灭亡）。变乱的，由于过去有他的治理（忘掉变乱）。因此君子平安时不忘掉危险，存在时不忘掉灭亡，治理时不忘掉变乱，这样才能使得身体平安而国家可以保存。"

【解读】

常言道，"天有不测风云，人有旦夕祸福"。因此，人应当时刻具有忧患意识。何谓忧患意识？就是要不忘危亡。孔子告诫我们要"安而不忘危，存而不忘亡，治而不忘乱"。《孟子·告子下》进一步指出："生于忧患，而死于安乐也。"《左传·襄公三十一年》中讲："居安思危，思则有备，有备无患。"可见，忧患意识是获得平安的前提。

从一定意义上说，有无忧患意识是智与愚的试金石。北齐人刘昼说，"智者见利而思难，暗者见利而忘患。思难而难不至，忘患而患反生。"（《刘子·利害》）聪明的人面对利益会考虑到日后可能遇到的灾难，愚蠢的人面对利益就忘记了祸患。想到灾难的人，灾难不会落到他的头上；忘记了祸患的人，反而会遭遇祸患。现代管理学界时常以一则"煮青蛙"的实验故事，告诫管理者必须时刻保持一定的忧患意识和危机意识。其基本内容是说："把一只青蛙放进冷水里，慢慢加热，青蛙会舒服地待在里面，最后被煮熟。但是把青蛙扔进滚烫的水锅里，保证它会立刻跳出来，命也保住了。”管理界的很多事例证明，组织的潜力，每在危急关头，反而愈挫愈勇，往往能有惊人的开拓。

有了贵生意识和忧患意识，就要落实到采取针对祸患的预防措施上来。《易・既济》说，“君子以思患而豫防之”，指的就是君子总是想着可能发生的祸害，预先作出防范。《诗经・豳风・鸱鸮》曰：“迨天之未阴雨，彻彼桑土，绸缪牖（yǒu）户。”意思是，趁着天还没下雨，桑树根上剥些皮，把门儿窗户都修理。后人从中提炼出了成语“未雨绸缪”。这些关于预防祸患的思想对于人们保持身心健康、生活与事业顺利具有很深的教益。

预防祸患要早谋划，做有远见的智者。“明者远见于未萌，而智者避危于无形。”（司马迁・《史记》）意思是，聪明的人善于发现尚未萌芽的问题，设法避开尚未出现的危险。这种远见卓识即体现在早谋划中。“不困在于早虑，不穷在于早豫。”（刘向《说苑・谈丛》）意思是做事早谋虑和早准备就不致陷于困厄和绝境之中。

要想在发生祸患之前采取措施，首先要及时识别祸患。“不困在预慎，见祸在未形”（《逸周书・王佩》）。其次要预先采取措施。“为之于未有，治之于未乱”（《道德经・六十四章》），可以理解为在问题尚未发生时就预先加以防范，在未发生紊乱时就采取措施进行治理。类似的，唐代张九龄说要“图于未然，治于无事”（《治府兵・第七章》）。就是说，对付祸患于萌发之前，防范危机于未见端倪之际。

预防祸患还要防微杜渐，在问题刚刚露头时就加以处置。这就是“杜渐防萌，慎之在始”（《晋书・王敦传》），“杜渐防萌，则凶妖销灭”（《后汉书・丁鸿传》），意思是，只要在错误或危险尚在苗头初露时就加以预防制止、不使其发展，那么不幸之灾就会灭迹。

当今时代，人类已经进入了一个“风险社会”的时代，牢固树立忧患意识，时刻防范危机发生，就显得尤为重要。

儒家管理智慧六句箴言

儒家创始人——孔子

儒家，是先秦诸子百家之一，其创始人是孔子。孔子（前551—前479），名丘，字仲尼，春秋时鲁国陬邑（今山东曲阜）人，是中国古代伟大的思想家、教育家、政治家，中国思想文化传统的重要奠基者之一，也是具有深远影响的世界文化名人。

儒家学说简称“儒学”，是以“仁”为核心、以“礼”为规范的思想体系。先秦儒家承接《周易》思想源头，关注“人道”，主张德治，强调经世致用。其主要特点是：祖述尧舜，宪章文武，宗师孔子，视其言行为最高准则；以《论语》《诗》《书》《礼》《易》《春秋》等为经典①，崇尚仁义和礼乐，提倡忠恕和中庸之道，主张实施“德治”或“礼治”，实行“仁政”。“内圣外王”，即成就内在道德人格和成就外在王道事功，是孔子所开创的儒家思想之要旨。孔子作古，先秦儒学“儒分为八”（《韩非子》），其中主要有两派，一是孟子——子思一系，对儒学的发扬主要在“内圣”；二是荀子——子夏一系，对儒学的发扬主要在“外王”。

余秋雨先生认为，儒家思想在三个方面塑造了中国文化的特性：在社会模式上建立了“礼仪之道”；在人格模式上建立了“君子之道”；在行为模式上建立了“中庸之道”。社会、人格、行为模式具全，组合严整，构成了一种中华文化的“三足鼎立”和稳定的民族心理结构。

---

① 儒家本有六经：《诗经》《尚书》《仪礼》《乐经》《周易》《春秋》。秦始皇“焚书坑儒”，据说经秦火一炬，《乐经》从此失传；东汉在此基础上加上《论语》《孝经》，共七经；唐时加上《周礼》《礼记》《春秋公羊传》《春秋穀梁传》《尔雅》，共十二经；宋时加《孟子》，后有宋刻《十三经注疏》传世。《十三经》是儒家文化的基本著作，就传统观念而言，《易》《诗》《书》《礼》《春秋》谓之“经”，《左传》《公羊传》《谷梁传》属于《春秋经》之“传”，《礼记》《孝经》《论语》《孟子》均为“记”，《尔雅》则是汉代经师的训诂之作。后来对儒家经典有“四书五经”之说。南宋大儒朱熹开始编纂《四书》，为儒家传道、授业的基本教材。几百年来，“四书”在我国广泛流传，其中许多语句已成为脍炙人口的格言警句。“四书”指《论语》《孟子》《中庸》《大学》四部书。其中，《论语》《孟子》分别是孔子、孟子及其学生的言论集，《大学》《中庸》则是《礼记》中的两篇。五经之名始于汉武帝，指《周易》《尚书》《诗经》《礼记》《左传》。

先秦时期，儒家和诸子地位平等。秦始皇统一中国后实行“焚书坑儒”，儒家受到重创。公元前134年，汉武帝采纳董仲舒的提议，“罢黜百家，独尊儒术”，使儒家思想正式成为封建大一统国家的管理哲学。自此，儒家学说成为贯穿中国古代绝大多数历史朝代的主流意识形态，至今仍是凝聚全球华人的思想纽带。儒家学派不仅对中国，而且对东亚乃至全世界已经并将继续产生深远的影响。

箴言一

格物、致知、诚意、正心、修身、齐家、治国、平天下。

【出处】

《礼记·大学》①

【原文】

大学之道，在明明德，在亲民，在止于至善。知止而后有定；定而后能静；静而后能安；安而后能虑；虑而后能得。物有本末，事有终始。知所先后，则近道矣。古之欲明明德于天下者，先治其国；欲治其国者，先齐其家；欲齐其家者，先修其身；欲修其身者，先正其心；欲正其心者，先诚其意；欲诚其意者，先致其知；致知在格物。物格而后知至；知至而后意诚；意诚而后心正；心正而后身修；身修而后家齐；家齐而后国治；国治而后天下平。自天子以至于庶人，壹是皆以修身为本。其本乱而未治者否矣。其所厚者薄，而其所薄者厚，未之有也！

【释义】

格物：推究事物的原理；致知：获得知识。在亲民：朱熹按照彩子之说，“亲”当作“新”。在亲民，意指使民革旧求新。

大学的宗旨在于弘扬光明正大的品德，在于使人弃旧图新，在于使人达到最完善的境界。知道应达到的境界才能够志向坚定；志向坚定才能够镇静不躁；镇静不躁才能够心安理得；心安理得才能够思虑周详；思虑周祥才能够有所收获。每样东西都有根本有枝末，每件事情都有开始有终结。明白了这本末始终的道理，就接近事物发展的规律了。古代那些要想在天下弘扬光明正大品德的人，先要治理好自己的国家；要想治理好自己的国家，先要管理好自己的家庭和家族；要想管理好自己的家庭和家族，先要修养自身的品性；

---

① 《礼记》，西汉戴圣对秦汉以前汉族礼仪著作加以记录、编纂而成，是战国至秦汉年间儒家学者解释说明经书《仪礼》的文章选集，是一部儒家思想的资料汇编。又叫《小戴礼记》。与《周礼》《仪礼》合称“三礼”。

要想修养自身的品性，先要端正自己的心思；要想端正自己的心思，先要使自己的意念真诚；要想使自己的意念真诚，先要使自己获得知识；获得知识的途径在于认识、研究万事万物。通过对万事万物的认识、研究后才能获得知识；获得知识后意念才能真诚；意念真诚后心思才能端正；心思端正后才能修养品性；品性修养后才能管理好家庭和家族；管理好家庭和家族后才能治理好国家；治理好国家后天下才能太平。上自国家元首，下至平民百姓，人人都要以修养品性为根本。若这个根本被扰乱了，家庭、家族、国家、天下要治理好是不可能的。不分轻重缓急，本末倒置却想做好事情，这是从来没有过的，也是不可能的！

【解读】

儒家经典《大学》中按照朱熹所编《四书》的排列次序，开篇即讲“格物、致知、诚意、正心、修身、齐家、治国、平天下”，称为“八条目”。由“平天下”溯至“格物”，由“格物”推延到“平天下”，每一层都有内在联系，密切关联。这是儒家倡导的以德治国的思想纲要和社会治理体系。

儒家要求人们对事物的原理要一一推究明白，然后才会拥有渊博的知识；拥有渊博的知识，彻底了解事物，然后意念才会诚实；意念诚实，内心才会端正而无邪念；内心端正，然后才能提高自身的品德修养；自身的品德提高了，家庭才会整顿好；家庭整顿好了，然后国家才会治理好；国家治理好了，推而广之，然后才能使天下太平。“修身”是“修齐治平”乃至整个《大学》“八条目”的关键和过渡环节，因此，文中特别强调指出：“自天子以至于庶人，壹是皆以修身为本。”它一方面说明格物、致知、诚意、正心都是以修身为目标，或者说是为了修身而采取的方式和手段；另一方面说明修身是齐家、治国、平天下的基础和出发点。以“修身”为中心，强调个人道德修养与治国、平天下的一致性，主张由近及远，由己及人，把“格物”、“致知”、“诚意”、“正心”，进而“修身”、“齐家”、“治国”、“平天下”作为一个统一体，形成儒家“内圣外王”的整个政治哲学或思想体系。“修身”以上是“内圣”问题，属于认识论范畴；“修身”以下则是“外王”问题，属于实践论范畴。

用现代语言讲，就是要将良好的道德观念及要求“内化于心、外践于行”。现在为什么一些人，甚至一些高级领导干部，出现了很多问题？就是因为他们没有格物致知，提高认识，然后正心诚意，去做修身的功夫。

儒家的“德治”主张包括两个方面：一是对领导者或管理者而言，强调“为政以德”，“正人先正己”。孔子说：“为政以德，譬如北辰，居其所而众星拱之。”（《论语·为政》）“政者，正也。子帅以正，孰敢不正？”（《论语·颜渊》）“其身正，不令而行；其身不正，虽令不从。”（《论语·子路》）正如俗语所说：“上梁不正下梁歪，中梁不正垮下来。”这是治平之本。二是对管理对象要“道之以德，齐之以礼”。孔子说：“道之以政，齐之以刑，民免而无耻；道之以德，齐之以礼，有耻且格。”（《论语·为政》）“道之以德”是以道德价值为导向的内在控制，即自律；“齐之以礼”是以礼义制度为规范的外在控制，即他律。自律与他律结合，才能取得好的效果。这一思想在现代社会治理理论与实践中仍然适用。

箴言二

仁者，爱人；亲亲而仁民，仁民而爱物。

【出处】

《论语·颜渊》① 《孟子·尽心上》②

【原文】

樊迟问仁。子曰："爱人。"问知。子曰："知人。"

孟子曰：君子之于物也，爱之而弗仁；于民也，仁之而弗亲。亲亲而仁民，仁民而爱物。

【释义】

樊迟问什么是仁。孔子说："爱人。"（樊迟又）问什么是智。孔子说："知道识别人。"

孟子说："君子对于万物，爱惜它，但谈不上仁爱；对于百姓，仁爱，但谈不上亲爱。亲爱亲人而仁爱百姓，仁爱百姓而爱惜万物。"

【解读】

儒家学说的核心是教人们怎样做人。其总的要求就是一个字"仁"，仁义的"仁"。"仁"是孔子最重视的道德范畴，是儒家的核心价值，也是以儒做人的根本原则，因此儒学又被称为孔门仁学。由此，"仁"成为儒家思想的核心概念。那么，究竟什么是"仁"？"仁"字在《论语》中出现了109次，孔子每次对"仁"的解释都

---

① 《论语》是儒家的核心经典著作，由孔子的弟子及其再传弟子编撰而成，成书年代约在战国初期。它以语录体为主，叙事体为辅，记录了孔子及其弟子言行，集中体现了孔子的政治主张、伦理思想、道德观念及教育原则等，还记录了他的一些生活习惯和细节。与《大学》《中庸》《孟子》并称四书，《诗》《书》《礼》《易》《春秋》并称"五经"，共称四书五经。通行本《论语》共二十篇。

② 《孟子》，儒家经典"四书"之一。战国中期孟子及其弟子万章、公孙丑等著。为孟子、孟子弟子、再传弟子的记录。最早见于赵岐《孟子题辞》："此书，孟子之所作也，故总谓之《孟子》"。《汉书·艺文志》著录《孟子》十一篇，现存七篇十四卷。总字数三万五千余字，286章。书中记载有孟子及其弟子的政治、教育、哲学、伦理等思想观点和政治活动。

不一样，更准确地说，孔子每次都是针对不同的情况来解释“仁”。但是也有一个不可动摇的核心，那就是爱。“樊迟问仁。子曰：‘爱人。’”（《论语·颜渊》）这个答案十分朴素，但它却是孔子对仁的最高概括。这个答案告诉我们，做人的第一个要求，就是要有一颗爱心。汉代许慎的《说文解字》解释说：“仁，亲也，从人从二。”从汉字结构看，“仁”是“二人”的复合字，包含着人与人之间相互亲近、相互关爱的意思。

儒家亚圣孟子对孔子的仁爱作了全面、精辟的概括。孟子曰：“君子之于物也，爱之而弗仁；于民也，仁之而弗亲。亲亲而仁民，仁民而爱物。”（《孟子·尽心上》）孟子在这里用“亲亲而仁民，仁民而爱物”十个字剖析了孔子讲爱的三个层次差等：第一层，即“亲亲”，是对自己亲人的爱，其核心是孝悌。这是一种以血缘关系为纽带的亲爱，是爱之中最自然最亲密的一个层次。第二层，即“仁民”，是对大众的爱，就是儒家经常强调的推己及人，也就是老百姓说的将心比心。对于老百姓，需要仁爱。仁爱的具体表现，按照朱熹引程颐的看法，也就是孟子在《梁惠王上》里面所说的“老吾老以及人之老，幼吾幼以及人之幼”。第三层，即“爱物”，是对万物的爱。对于物（朱熹注释说，指禽兽草木），主要是爱惜。爱惜的具体表现，按照朱熹的说法，就是要“取之有时，用之有节。”这三个层次是密切联系、层层推演的。只有当你能够亲爱亲人时，才有可能推己及人地去仁爱百姓；只有当你能够仁爱百姓时，才有可能爱惜万物。

具体说来，儒家的“仁”包括四个方面的意思：一是“为政在人”、“仁者，人也”。孔子说：“为政在人，取人以身，修身以道，修道以仁。仁者，人也。”（《礼记·中庸》）他认为仁的本质是做人，为政的根本在于人。用现代管理科学的语言讲，“人”既是管理的主体也是管理的客体，因此必须坚持“以人为本”的核心理念。二是“修己安人”。孔子一方面要求统治者对百姓要有仁爱之心，把百姓当人看待，即“富民”、“教民”（《论语·子路》），“使民以时”（《论语·学而》），“因民之所利而利之”（《论语·尧曰》）。另一方面为政者则当以身作则，为百姓树立道德榜样，即“修己以安人”，“修己以安百姓”（《论语·宪问》）。这是儒家民本思想在管理治理活动中的充分体现。在儒家看来，管理就是修己安人的历程。其中，“修身”、“修己”，即为政者的自我管理是一切管理活动的根本或起点，而终点则是“安人”。为政者只有首先修养管理好自己，才能管理好别人、国家和百姓。三是推己及人。一方面，孔子说：“夫仁者，己欲立而立人，己欲达而达人，能近取譬，可谓仁之方也已。”（《论语·雍也》）其意是说，作为仁人，自己想要立身于社会，也要帮助别人立身于社会；自己想要在事业上成功发展，亦要帮助别人在事业上成功发展。凡事能推己及人，可以说就是实行仁的方法了。另一方面，孔子又说：“己所不欲，勿施于人。”（《论语·颜渊》）“我不欲人之加诸我也，吾亦欲无加诸人。”（《论语·公冶长》）即凡是自己不愿意做的事，就不要强加于别人，我不愿意别人加在我身上的事，我也就不要加到别人身上。在现代组织管理中，时常换位思考、推己及人，是领导者实行人性化管理的必然要求。四是坚持“四毋”追求。《论语·子罕》记载：“子绝四：毋意，毋必，毋固，毋我。”说的是孔子非常重视对自己行为的规范，坚持用“四毋”标准严格约束自己，主张不主观臆测，不绝对肯定，不固执己见，不唯我独是。“四毋”道德规范及修养非常值得现代组织的领导者学习借鉴。

箴言三

君子和而不同，小人同而不和。

【出处】

《论语·子路》

【原文】

子曰："君子和而不同，小人同而不和。"

【释义】

和：不同的东西和谐地配合叫做和，各方面之间彼此不同；同：相同的东西相加或与人相混同叫做同，各方面之间完全相同。

孔子说："君子讲求和谐而不同流合污，小人只求完全一致，而不讲求协调。"也就是说，君子可以与他周围的人保持和谐融洽的关系，但他对待任何事情都必须经过自己大脑的独立思考，从来不愿人云亦云，盲目附和；小人则没有自己独立的见解，只求与别人完全一致，而不讲求原则，但他却与别人不能保持融洽友好的关系。

何晏《论语集解》对这句话的解释是："君子心和然其所见各异，故曰不同；小人所嗜好者同，然各争利，故曰不和。"

【解读】

中华民族自古以来就是一个崇尚"和谐"的民族。中国的哲学智慧和中华民族的精神特质，集中体现在一个"和"字上。在先秦时代，"和"是一个非常重要的概念，它是指一种有差别的、多样性统一，因而有别于"同"。

在中国古代文字中，"和"字的产生乃源于上古的乐器及音乐，并由乐器的合奏及音乐的合鸣，引申出"和调"、"和谐"、"和合"、"唱和"等含义。关于和谐的地位，中国传统文化把和谐看成是世界万物生长与发展的最高准则、最高境界。《周易》曰："乾道变化，各正性命，保合太和，乃利贞。"明末清初思想家王夫之解释说："太和，和之至也"。关于和谐的本质，中国传统文化认为，和谐是指不同事物之间的协调统一。西周末年郑国史官史伯提出了"和实生物，同则不继。以他平他谓之和”的思想；早于孔子的晏婴就曾说过：“若以水济水，谁能食之？若琴瑟专一，谁能听之？”（《左传·昭公二十年》）春秋末期，处于社会急剧分化、急剧变动中的孔子更加明确地提出了“君子和而不同，小人同而不和”的哲学命题。孔子的弟子有子提出“礼之用，和为贵”（《论语·学而》）。孔子学说的重要传人孟子提出了“天时不如地利，地利不如人和”（《孟子·公孙丑下》）这一流传千古的名论。孔子学说的另一位重要传人荀子也指出：“上不失天时，下不失地利，中得人和，而百事不废。”（《荀子·王霸》）哲学家冯友兰先生指出，当今世界之文明，不管是四大文明，还是几大文明，有些文明或有些国家是有古无今，还有些国家有今而无古。唯有中华文明，虽历经风雨，但亘古亘新，亦新亦旧，真可谓“周虽旧邦，其命维新”。和谐精神是中华文化生生不息、绵延五千年之久的根本动力之所在，以至成长为中华文化的性格胎记。

千百年来，和谐理念渗透在国人的生活中强调“家和万事兴”、“邻里和睦”。在处理人际关系中强调“和而不同”：与小人不同，真正的君子并不十分注重人际往来中的利益纠葛，但在大是大非面前，在原则问题上却勇于坚持立场；真正的君子并不十分计较人际往来中的是非恩怨，但却能在正视不同意见的基础上求同存异。因此，这样的人或许即使也还会有些这样或那样的缺点，但他至少能保持思想的自由和人格的独立。体现在经商办企业中强调“和气生财”。运用到处理国家之间的外交关系上强调“协和万邦”、“求同存异”、“和平共处”。在个人心态调整上则强调“心平气和”等。将和谐的理念运用到现代组织管理之中，必然要求协调好组织的内外关系。对于组织群体来说，应致力于实现其家庭关系和谐、工作关系和谐、公共关系和谐；就组织成员个体而言，则应努力追求和实现人际和谐、人—事和谐、个体内心和谐等。

箴言四

致广大而尽精微，极高明而道中庸。

【出处】

《礼记·中庸》

【原文】

故君子尊德性而道问学，致广大而尽精微，极高明而道中庸，温故而知新，敦厚以崇礼。

【释义】

君子既要尊重德性，又要讲求学问；既要充实广大，又要穷尽精微；既要有高明的理想，又要有合于中庸的行为；既要熟悉旧的知识，又要不断认识新的事物；既要笃实厚道，又要娴习礼仪。

【解读】

中庸之道是儒家提出的道德修养境界和方法，也是管理者行之有效的为人处世准则。《中庸》说："故君子尊德性而道问学，致广大而尽精微，极高明而道中庸。"孔子指出："君子之中庸也，君子而时中。"（《礼记·中庸》）北宋理学家程颐对什么是中庸解释得非常清楚："'不偏之谓中；不易之谓庸。'中者，天下之正道。庸者，天下之定理。"（《中庸》章句）可见，"中"是一个中间概念，不偏不倚就叫做"中"，"中"即天下中正之道；"庸"是一个时间概念，不改变常道就叫做"庸"，"庸"即天下不变的法则。儒家认为，在采取任何行动之前，都需要认真、全面地权衡并找到最合适的方案，这是静止的中庸之道；随着时间的推移、环境的变化，适时调整以做到"用中"，则是动态的中庸之道，也就是"时中"。

《中庸》开篇说："喜怒哀乐之未发，谓之中；发而皆中节，谓之和。中也者，天下之大本也；和也者，天下之达道也。致中和，天地位焉、万物育焉。"南宋大儒朱熹将《伪古文尚书》里"人心惟危，道心惟微，惟精惟一，允执厥中"十六字，破解为古代圣人秘不示人的“传授心法”。“允执厥中”讲的就是行中庸之道，强调为人处世不偏于极端，追求不偏不倚、无过而无不及，恰当适度、恰到好处，知乎所止，对欲望、情感和行为等均有所节制，找到最佳的平衡点，讲究分寸感的“中和”之道。据《荀子》记载，孔子到鲁桓公的家庙里去参观，看到挂着一个形状奇特的罐子，叫做“宥坐之器”，也称攲器。孔子说，我听说过这种东西，空的时候是倾斜着的；水装得适中，就正立着了；如果装满了水，就立刻倾覆倒下。即所谓“虚则攲，中则正，满则覆。”这个故事非常形象地说明了中庸之道的奥妙。所以古时明君常以攲器放在身边作为劝诫之器。

孔子中庸哲理的实际应用，在于认识和把握事物的“度”。有一次，子贡问自己的老师：子张和子夏这两个人谁更贤惠一些呢？孔子回答道：子张太过了一点，而子夏又显得不足。子贡接着问老师：那么，子张更好一些吗？孔子的回答是：“过犹不及”（《论语·先进》），即过分和不足是一样的。“过犹不及”是儒家奉行中庸之道的具体要求。正如孔子所说：“君子惠而不费，劳而不怨，欲而不贪，泰而不骄，威而不猛。”（《论语·尧曰》）君子需要谨守中庸之道，做任何事情都需要很好地把握分寸，既要让老百姓得到实惠，又不要过分耗费他们的资材；既要让老百姓辛勤地劳作，又不要让他们产生怨恨的情绪；既要有追求，又不要太过贪婪；既要保持庄重，又不要给人以傲慢的感觉；既要保持威严，又不要让别人觉得过于严厉。管理者不能走极端，有效的管理就在于恰到好处地处于一个合理的区间之内，不能无限制地扩张，也不能无限制地收缩，这是一个优秀的管理者不断修炼、长期磨合的结果。

至于《中庸》所谓“致广大而尽精微”，则是一种“既见树木、又见森林”的人生境界，将其引申到现代组织管理领域，就是强调管理者不仅要关注组织事业战略发展的大局，而且也要关注日常管理过程中能影响全局的小事情。所谓“致广大”是强调从宏观方面主抓好组织的战略大局和管理模式，确保事业的可持续发展；“尽精微”则是组织管理过程中在细节、程序、规范方面的做法，就是要善于抓住能影响全局的小事情，以点代面，全面提高。因此，可以把“致广大而尽精微”作为现代组织的管理哲学观，使之成为贯通或融合组织战略管理与基础管理的灵魂主线或黏合剂。

箴言五

民为贵，社稷次之，君为轻。

【出处】

《孟子·尽心下》

【原文】

孟子曰："民为贵，社稷次之，君为轻。是故得乎丘民而为天子，得乎天子为诸侯，得乎诸侯为大夫。"

【释义】

孟子说："百姓最为重要，代表国家的土神谷神其次，国君为轻。所以，得到民心的做天子，得到天子欢心的做国君，得到国君欢心的做大夫。"

所谓"社稷"，在古代是指土地神和谷神，由于大地和五谷是建立国家的物质基础，因此，"社稷"后来成为"国家"的代名词。

【解读】

孟子从先前的重民爱民意识和孔子的仁爱观念出发，进一步提出了儒家的"仁政"学说。他在中国古代政治思想史上首次提出了"民为贵，社稷次之，君为轻"的光辉命题。孟子"民贵君轻"思想的提出，自然是站在君主的立场上，要求君主为了实现其政权的稳定、国家的长治久安而顺应"民本"思想。由"民贵君轻"论出发，孟子进一步论述民与君的关系说："得天下有道，得其民，斯得天下矣；得其民有道，得其心，斯得民矣；得其心有道，所欲与之聚之，所恶勿施，尔也。"（《孟子·离娄上》）意思是，得天下有办法：得到百姓拥护，就能得到天下了；得百姓有办法：赢得民心，就能得到百姓拥护了；得民心有办法：他们想要的就给他们积聚起来，他们厌恶的不要强加给他们，如此而已。《尚书》中也有类似的民本观点："民可近，不可下；民惟邦本，本固邦宁"（《尚书·五子之歌》。这里强调的是，人民只可亲近，不可畏狎，因为老百姓是国家之根基，只有根基稳定，国家才能安定。荀子则引述前人之言，把君民关系形象地表述为舟与水的关系："君者，舟也；庶人者，水也。水则载舟，水则覆舟。"（《荀子·王制》）意思是，君主就好比船，老百姓则好比水，水能载船，也能把船掀翻。这句话被唐代名臣魏征引用后深得唐太宗李世民的青睐，经常以此告诫自己及后人。

孟子思想充满了人道主义精神，体现了对民众生存的关注。孟子提出统治者应"与民偕乐"（《孟子·梁惠王上》）实际上就是要求统治者必须关怀大众，改善民生，这是其所倡导的仁政王道的具体体现。孟子由此提出了中国政治思想史上最进步的政治理念："乐以天下，忧以天下。"他说："乐民之乐者，民亦乐其乐；忧民之忧者，民亦忧其忧。乐以天下，忧以天下，然而不王者，未之有也。"（《孟子·梁惠王下》）意思是，以百姓的快乐作为自己的快乐的人，百姓也把他的快乐作为自己的快乐；以百姓的忧患作为自己的忧患的人，百姓也会把他的忧患作为自己的忧虑。把天下的快乐作为自己的快乐，把天下的忧患作为自己的担忧的，这样做却不能称霸天下的，还没有这样的情况。孟子主张的仁政王道始终贯彻着关注、同情平民大众的基本立场，始终以平民大众的生存状态作为衡量政治好坏的最高标准，体现了一种人民性的政治理念，形成了以人为本的优良的政治传统。中国历史上能够名垂青史的政治家，都体现了这种政治理念和政治传统。范仲淹著名的"先天下之忧而忧，后天下之乐而乐"，其思想就源自孟子。奴隶制和封建制时代的思想家们尚且倡导朴素的民本思想，尽管其根本目的主要是为了维护统治阶级的利益。那么，在现代组织管理中更应当牢固树立和践行"以人（民）为本"的核心理念。

箴言六

富贵不能淫，贫贱不能移，威武不能屈。

【出处】

《孟子·滕文公下》

【原文】

居天下之广居，立天下之正位，行天下之大道。得志，与民由之；不得志，独行其道。富贵不能淫，贫贱不能移，威武不能屈，此之谓大丈夫。

【释义】

孟子说："大丈夫，应该住在天下最宽广的住宅里，站在天下最正确的位置上，走在天下最光明的大道。得志的时候，便与老百姓一同前进；不得志的时候，便独自坚持自己的原则。富贵不能使我骄奢淫逸，贫贱不能使我改移节操，威武不能使我屈服意志。这样才叫做大丈夫！"

【解读】

孟子强调君子要修养浩然正气，塑造大丈夫人格。

"正气者，正风也"（《灵枢·刺节真邪》）。一部人类文明史，就是一部闪烁着正气光辉的历史画卷；一部中华民族史，就是一部弘扬浩然正气的历史大剧。孟子说："吾善养吾浩然之气"，"其为气也，至大至刚，以直养而无害，则塞于天地之间。"（《孟子·公孙丑上》）一个人、一个组织、一个民族、一个国家，如果丧失浩然正气，就等于没有灵魂，没有精神支柱，就会失去凝聚力和生命力。中华民族自古就有"玉碎不改其白，竹焚不毁其节"的美德。孔子倡导"君子忧道不忧贫"（《论语·卫灵公》），深知"岁寒，然后知松柏之后凋"，决不随俗浮沉，提倡特立特行。孟子主张"仰不愧于天，俯不怍于人"（《孟子·尽心上》）。可以说，一个人为人处世是不是正直、正义、刚正，有没有气节，是辨别忠佞、判断善恶、区分高下的试金石。特别是在艰难困苦的环境中，最能看出一个人品格的高下端斜。古谚云："疾风知劲草，板荡识诚臣。"南宋抗金英雄文天祥被俘后，在狱中写下不朽名篇《正气歌》，表现了他"时穷节乃见，一一垂丹青"的铮铮铁骨。元世祖忽必烈绞尽脑汁，许以宰相之职引诱文天祥投降，他丝毫不为所动，并写了一首七言律诗，表明自己的心迹。这首诗就是流芳千古的《过零丁洋》，其中"人生自古谁无死，留取丹心照汗青"的高尚品格，成为千百年来中国人的楷模。文天祥虽然救不了南宋，但其浩然正气，可谓光耀千古，至今仍为后人所传颂。

孟子提出："富贵不能淫，贫贱不能移，威武不能屈，此之谓大丈夫。"（《孟子·滕文公下》）这是做人的最高人生境界。北宋著名政治家、思想家、军事家和文学家范仲淹出身贫寒，好学苦读，为政清廉，体恤民情，刚直不阿，力主改革，虽屡遭奸佞诬谤，数度被贬，仍能做到矢志不渝。他在著名的《岳阳楼记》中喊出的千古名句："先天下之忧而忧，后天下之乐而乐"，已经成为激励仁人志士为国为民解忧排难的伟大民族精神。

曾子曰："士不可以不弘毅，任重而道远。"（《论语·泰伯》）意思是，作为一个士人，一个君子，必须要有宽广、坚韧的品质，因为自己责任重大，道路遥远。孟子曰："穷则独善其身，达则兼善天下。"（《孟子·尽心上》）意思是，君子在贫困之时，要注意自己的品德修养，洁身自好；在显达之时，则要让天下都受益，并走上善道。不管身处顺境还是逆境，都要坚守心中的道德原则，保持高尚的气节。苏东坡在《留侯论》里说："古之所谓豪杰之士，必有过人之节，人情有所不能忍者。匹夫见辱，拔剑而起，挺身而斗，此不足为勇也。天下有大勇者，猝然临之而不惊，无故加之而不怒，此其所挟持者甚大，而其志甚远也。"古代所谓英雄豪杰，一定有超过普通人的修养，一定有一般人所不能忍受的度量。凡夫俗子，一旦遭到侮辱，立刻就拔剑而起，挺身而斗，这不能算是勇敢。天下真正有大勇的人，意外突然降临而不惊慌，无缘无故的侮辱他，也不发怒。这是由于他有伟大的抱负，又有高远的志向。《留侯论》这段议论，充满了老子的精神，闪烁着老子的智慧，与孟子倡导的"大丈夫"人格，相得益彰，相映成趣。

道家管理智慧六句箴言

道家创始人——老聃

道家是先秦诸子主要思想流派之一，以老子、庄子为代表，尊老子为创始人。老子（约公元前571年—公元前471年），字伯阳，谥号聃，又称李耳（古时“老”和“李”同音；“聃”和“耳”同义），楚国苦县厉乡曲仁里人。曾做过周朝“守藏室之官”（管理藏书的官员），是春秋时期伟大的哲学家和思想家之一，被道教尊为教祖。庄子，姓庄，名周，字子休（亦说子沐），宋国蒙人，是战国中期著名的思想家、哲学家和文学家，是继老子之后，战国时期道家学派的代表人物。与老子齐名，被称为“老庄”。道家尊《老子》（又称《道德经》）和《庄子》为经典。

先秦道家，承接《周易》思想源头，关注“天地之道”，主张道治，倡导道法自然、无为而治的世界观和方法论，提出以雌守雄、刚柔并济等政治、军事策略，具有朴素的辩证法思想，对中国乃至世界的文化都产生了巨大的影响。英国著名科学技术史专家李约瑟说：“中国人性格中有许多最吸引人的因素都来源于道家思想。中国如果没有道家思想，就像是一棵某些深根已经烂掉的大树。”在中国古代历史中，西汉初年，唐朝初年，汉文帝、汉景帝、唐太宗、唐玄宗曾以道家思想治国，使人民从前朝苛政之后得以休养生息。历史称之为“文景之治”、“贞观之治”、“开元盛世”。先秦各学派中，道家虽然没有儒家和墨家有那么多的门徒，但随着历史的发展，道家思想以其独有的宇宙、社会和人生领悟，在哲学思想上呈现出永恒的价值与生命力。

箴言一

人法地，地法天，天法道，道法自然。

【出处】

《老子·第二十五章》①

【原文】

有物混成，先天地生。寂兮寥兮，独立而不改，周行而不殆，可以为天地母。吾不知其名，强字之曰：道，强为之名曰：大。大曰逝，逝曰远，远曰反。故道大，天大，地大，人亦大。域中有四大，而人居其一焉。人法地，地法天，天法道，道法自然。

【释义】

有一个东西混然而成，在天地产生以前就已经存在了。听不到它的声音也看不见它的形体，寂静而空虚，不依靠任何外力而独立长存永不衰竭，循环运行而永不停息，可以算作天地万物的根源。我不知道它的名字，所以勉强把它叫做“道”，再勉强给它起个名字叫做“大”。它广大无边而周流不息，周流不息而伸展遥远，伸展遥远而又返回本原。所以说，道大、天大、地大、人也大。宇宙间有四大，而人居其中之一。人取法地，地取法天，天取法“道”，而

---

① 据《史记·老子韩非列传》：“老子修道德，其学以自隐无名为务。居周久之，见周之衰，乃遂去。至关，关令尹喜曰：‘子将隐矣，强为我著书。’于是老子乃著书上下篇，言道德之意五千余言而去，莫知其所终。”说的是时任周朝“守藏室之官”的老子，看到周朝已呈衰微之势，乃果断决定隐退不仕。他在骑着青牛出函谷关前，应关令尹喜之约写下了五千言的《老子》一书，随后便不知去向。《老子》后又名《道德经》或《道德真经》。《道德经》《易经》和《论语》被认为是对中国人影响最深远的三部思想巨著。《道德经》分为上下两册，共 81 章，前 37 章为上篇“道经”，第 38 章以下为下篇“德经”。全书的思想结构是：道是德之“体”，德为道之“用”。《老子》是一部先秦时期空前的哲学著作。它引导人们依循天道运行规律和万物发展变化的规则为人处世、治国理政，阐述了为政者如何用最少的行为达到最佳的管理效果，用超脱的手段实现牵一发而动全身的管理功能。据联合国教科文组织统计，世界上翻译语种最多、发行量最大的一本书是基督教的《圣经》，排在第二位的就是老子的《道德经》。德国哲学家尼采曾充满敬意地说，《老子》“像一个永不枯竭的井泉，满载宝藏，放下汲桶，唾手可得”。

“道”纯任自然，以它自己的样子为法则。

【解读】

“道”作为中国传统哲学里的一个重要命题，最先是由《老子》提出并从多方面阐述的。道家之所以被称为道家，就是因为它把“道”作为其思想的核心范畴。老子智慧关注的焦点就在于对“道”的定位。在道家看来，“道”是万事万物的本源与本体，照老子所说，“道”具有客观性（道法自然——道的本质），普遍性（万物归焉、可名为大），抽象性（道隐无名、玄之又玄），统一性（道生一，一生二，二生三，三生万物——道的作用），矛盾性（反者，道之动——即相反相成、对立统一，即是道的规律），永恒性（其用不穷、绵绵若存）等特性。老子所理解的道，既有外界事物客观法则这层含义，也有人们对待世界万物所取态度的又一层含义。用现在的话来说，包含着正确理解与把握客观法则与遵循并应用客观法则这样两层意思。

道家管理思想的核心理念是“道法自然”。道家经典《老子》深刻揭示了人与自我、人与他人、人与自然之间的运行规律。这些规律即称之为“道”。《老子》又称《道德经》，其所谓“道”，就是客观存在的规律。其所谓“德”，就是认识这些规律的水平、运用这些规律的能力。同样，我们学习继承道家管理智慧，不可不研究各行各业行之有效的“道”，不可不修炼各行各业应当遵循的“德”。

从社会治理角度看，“道”作为治理天下的大本，能够用于解决人与自然、社会、心灵的冲突。按照这一原理实施管理，应当树立三个基本理念：

一是悟道尊道。天地万物皆有冥冥之中的道（即客观规律）支配，道是绝对的、永恒的、客观的，是不可改变和亵渎的，只可以学习、体会、尊重和顺应，管理活动也不例外。道是隐藏在各种纷繁复杂的事物现象之中的，需要我们以诚实的心态、科学的理念和坚强的毅力去探索、去体悟，要求我们要善于透过现象抓住本质。也就是儒家所说的“格物”、“致知”。

二是得道合道。要深入把握并灵活运用“道”，努力使自己的道德修养和行为方式与“道”契合。人们要“道法自然”，像“道”

一样“独立而不改，周行而不殆”，努力去做正确的事，做符合客观规律的事。而且一旦要做时就应下定必胜的决心，不管遇到什么困难都不要屈服，都不受影响，专心致志、坚持到底。

三是御道而行。道家管理既是理论的结晶，也是实践的智慧。得道的目的在于应用——御道而行，实施到实践中去，做到知行合一、知行统一。

箴言二

道常无为而无不为；治大国若烹小鲜。

【出处】

《老子·第三十七章》《老子·第六十章》

【原文】

道常无为而无不为。侯王若能守之，万物将自化。化而欲作，吾将镇之以无名之朴，镇之以无名之朴，夫将不欲。不欲以静，天下将自定。

治大国，若烹小鲜，以道莅天下，其鬼不神。非其鬼不神，其神不伤人。非其神不伤人，圣人亦不伤人。夫两不相伤，故德交归焉。

【释义】

道永远是顺任自然而无所作为的，却又没有什么事情不是它所作为的。侯王如果能按照“道”的原则为政治民，万事万物就会自我化育、自生自灭而得以充分发展。自生自长而产生贪欲时，我就要用“道”来镇住它。用“道”的真朴来镇服它，就不会产生贪欲之心了，万事万物没有贪欲之心了，天下便自然而然达到稳定、安宁。这段话的核心是“无为而无不为”。“无为”是指顺其自然，不妄为；“无不为”是说没有一件事是它所不能为的。

治理大国，好像煎烹小鱼。用“道”治理天下，鬼神起不了作用，不仅鬼神不起作用，而且鬼怪的作用也伤不了人。不但鬼怪的作用伤害不了人，圣人有道也不会伤害人。这样，鬼神和有道的圣人都不伤害人，所以，就可以让人民享受到德性的恩泽。

【解读】

“无为”是道家管理智慧中最为奥妙的大道。在老子看来，管理的本质和原则，就是“无为而治”。这主要表现在两个方面：

一是动合无形，遵循规律。老子所谓“无为”，并非不为，而是顺其自然，不干扰、不专制、不自以为是、不勉强他人，即“辅万物之自然”，依据事物自身的规律运行和发展。这看似清净“无为”，却能尊重万物，使之各自发展，达到“无为而无不为”。我们可以把这一原理根据辩证法分成三个阶段：有为——无为——无不为。根据逻辑推理，有为是正题，无为是反题，无不为是合题，而正题和合题中间的关键是反题，正反两方面的作用才能达到无不为的境界，否则是行不通的。其实，中间阶段的无为是对前一阶段深刻反思的过程，是一个积极准备的过程。在现代组织运行中，无为而治要建立在规范管理的基础上，领导者要具备高超的领导艺术，要平衡好集权与授权的度，做到有为而不妄为，有所为有所不为，无为而无所不为。历史和现实的经验教训表明：乱世靠有为，治世靠无为；创业靠有为，守业靠无为；管理靠有为，领导靠无为。有为与无为的辩证关系，需要在实践中进行艺术化的处理，绝没有一成不变的模式。

老子明确提出了作为领导者的四重境界，即“太上，不知有之；其次，亲而誉之；其次畏之；其次，侮之。”（《老子·第十七章》）最高明的领导者，人们好像都没有感觉到他的存在；次一等的领导者，赢得人们的亲近和赞誉；再次一等的领导者，使人们感到畏惧；最差劲的领导者，遭到人们的侮辱和藐视。这实际上说的是政治境界和领导艺术问题。可见，那些极高明的君主或领导者实施的所谓“无为而治”，并非消极、偷懒的管理方法，而是“无为故无败”的积极进取的管理方法，具有“四两拨千斤”的功效。

二是精兵简政，清净安定。老子强调“无为”，本意是反对统治者不遵守管理的客观规律而胡作非为，强调按客观规律办事，清简政事。这是管理的最高境界，也是管理的终极目标。老子认为，人民之所以难于管理，恰恰是因为管理者管得太多。所以他主张安定的环境：“清净可以为天下正”，“我无为而民自化，我好静而民自正，我无事而民自富，我无欲而民自扑”。（《老子·第五十七章》）这一观点，对管理盛行的当代组织具有重大的警示作用。现实中，许多管理者经常不知不觉地掉入“为管理而管理”的陷阱，管理规章制度多如牛毛，常常做出很多并无实际效益的管理事务，徒然增加管理成本；领导者也常常“为领导而领导”，明明对领导没有效用，却要妄自作为，不断添增下属的苦恼。

老子主张对待万物应“生而不有，为而不恃，长而不宰。”他最后总结说：“圣人不积，既以为人己愈有，既以与人己愈多。天之道，利而不害；圣人之道，为而不争，衣养万物而不为主。”（《老子·第八十一章》）圣人不中饱私囊，他尽量帮助别人，自己反而更加充足；他尽量给予别人，自己反而更加丰富。自然的规律，利物而无害；人间的法则，施为而不争。其所谓“利而不害”，就是普遍地生长万物而不加害。

老子“无为”管理之妙用，形象地说即所谓“治大国若烹小鲜。”他何以不说“炒小鲜”？即因“烹”小鲜，才能烹出原味，若用“炒”小鲜，则翻来覆去，小鱼必定面目全非。引申而论，治理大国，必须尊重人民本有的潜力与兴趣，政府只需从旁辅助，不需也不能干预太多，否则如果企图掌管一切，反而会窒息而死。美国开国元老杰弗逊有句名言说得好：“管得最少的政府，才是管得最好的政府。”众所周知，秦始皇暴政扰民，法令多如牛毛，但人心反而充满怨恨。因此，刘邦在楚汉之争及其胜利后，只规定“约法三章”，其他一概与民休息，不多规定，结果民间反能逐渐恢复生机与元气，国力才开始兴盛。到了汉惠帝，宰相曹参终日无所事事，惠帝甚为着急，问他准备如何管理政务。曹参却反问惠帝，你觉得自己是否比先帝更圣明，惠帝回称当然不能相比。曹参又问，看他是否比萧何睿智，惠帝答以不会。曹参因此总结，以先帝和先相的聪明智慧，自然明了“无为”的深意，无需费神扰民，持续培养民间生机，反能人人发挥本身才智。因此，曹参担任丞相三年，沿袭了萧何清净无为、休养生息的政策。事实证明，正是因为民间积累了丰富的生气与活力，最终形成了后来著名的“文景之治”，并为其后雄才大略的汉武帝累积了丰富的国力，进而使西汉社会稳定、民心安定。从这段“萧规曹随”的历史佳话，可以看出，汉高祖刘邦与群臣们深得老子“无为”的妙用。

“无为”是道最根本的特性。因此，“无为”便成为了道家管理智慧的突出特色。从管理的过程来看，“无为”就是顺应客观规律，无为而无不为，上无为而下有为；从领导者的品质来看，“无为”就是无私无欲、居下守贱，不自我夸耀，不自以为是；从人与自然的关系来看，“无为”就是尊重客观事物的存在，遵循自然规律，与自然和谐相处。可见，“道法自然”是“无为而治”的思想基础，只有顺应天道，顺其自然，符合民性，才能真正做到“无为而治”。

箴言三
上善若水，水善利万物而不争。

【出处】

《老子·第八章》

【原文】

上善若水。水善利万物而不争，处众人之所恶，故几于道。居，善地；心，善渊；与，善仁；言，善信；政，善治；事，善能；动，善时。夫唯不争，故无尤。

【释义】

最德善的人好像水一样。水善于滋润万物而不与万物相争，停留在众人都不喜欢的地方，所以最接近于“道”。最德善的人，居处最善于选择地方；心胸像深渊那样善于保持沉静而波澜不惊；待人善于真诚、友爱和无私；说话善于恪守信用；为政善于精简处理，能把国家治理好；做事善于发挥所长，能够做到量力而行；行动善于把握时机，择机而动。最德善的人所作所为正因为有不争的美德，所以没有过失，也就没有怨咎，一般不会招致他人妒忌。

【解读】

在先秦诸子中，多有以水喻道的，但运用得最彻底的是老子。儒道两家都有讲到水的地方。孔子站在河边说：“逝者如斯夫！不舍昼夜”（《论语·子罕》），强调锲而不舍的奋进，鲜明地体现了儒家的“入世”精神；老子讲“上善若水，水善利万物而不争”，表明的是道家无为而又无所不为的“出世”境界。有句格言说得好：“以出世之心做人，以入世之心做事。”做人，对名利不必看得太重，不为名缰利锁所束缚，方可活得从容潇洒；做事，却要有积极进取的态度，认真地去做好自己应该做的事情，才不枉来到人世间一遭。人生之中，对入世与出世的选择，反映出的是一种人生态度，而态度凸显的，则是智慧。这样，儒道互补，便构成了中国人完整的精神世界。所以，我们必须左手孔子，右手老子。

达到“上善若水”之境界，首先要修炼形成“海纳百川、有容乃大”的博大胸怀和恢弘气度。老子指出：“江海之所以能为百谷王者，以其善下之，故能为百谷王。”“圣人欲上民，必以言下之；欲先民，必以身后之。”（《老子·第六十六章》）此种精神引申到现代组织管理，要求领导者要真正能尊重组织成员，并对民众多加同情，善于换位思考。这种“善下之”的管理方法，是最能凝聚众智的绝妙方法。

其次，要培育“天下莫柔弱于水，而攻坚强者莫之能先”（《老子·第七十八章》）的坚强毅力和攻坚精神。老子指出，天地万物，没有比水更柔弱的，但最能战胜坚强的东西就是它。水，润泽万物，性格柔弱，在方见方，在圆为圆，随物赋形，去高就低，灵活变通，顺其自然，特别能适应具体环境，从容面对一切情况。老子以水喻道的要义在于守弱贵柔，以柔弱胜刚强。日本经营之神松下幸之助领悟道：“率直的心胸，像水一样。水具有下面五大特性：本质不变，而又能随外物而调整；阻力越大，其势力也愈增强；本身永葆纯洁，而又能洗涤污垢；气化成为云雾，凝固则为雪霜，但其本质不变；从高处向低处流，永不休止。因此，有率直心胸的人，也具有水的特性，非但勇于追求事情的真相，而且具有很大的融通性，可随不同的情况而自我调整，因此，将会产生巨大的力量。”观水悟道，对于提升领导干部的品格和领导艺术是非常有益的。把水的自然规律和品性巧妙地转化运用于管理修养和管理过程，无疑是一种高超的领导艺术。特别是当着你有了一定的收获或遇到什么曲折的时候，再反过来以道观水，那将会得到更深刻的启示。

第三，要保持“水善利万物而不争”的高尚品格。老子以水喻德，也以水来喻人，认为具备完善德行的人同样应具备水的一些特性和品格，像水一样恩泽万物而自处下位却不卑微。水不像世俗小人那样毫无原则而是有其独立的个性。无论环境如何，总是“人往高处走，水往低处流”。因此，古人拿海洋和高山作比喻，写了一副对联作为人生修养的目标：“水唯能下方成海，山不矜高自及天。”明人陈继儒编纂的《小窗幽纪·醒卷》中说：“大事难事看担当，逆境顺境看襟度，临喜临悲看涵养，群行群止看识见。”在领导工作中，领导者唯有不争名、不争位、不争权，才能得到众人的尊重，才能容纳更多的人才，才能够集思广益，凝聚众人之力，上下和谐相处，实现政通人和。

无独有偶，中国自古以来的贤达哲人多有崇尚水者。《论语·雍也》曰："智者乐水，仁者乐山"。《荀子·王制》中说："传曰：'君者，舟也；庶人者，水也。水则载舟，水则覆舟。'"他以"舟"和"水"来分别形容"君"和"民"的关系，没有水，舟就无从浮起、行驶。然而，如果水中掀起万丈巨浪，亦会把舟掀翻。这对于执政者正确认识和处理干群关系具有极高的警示。《孙子兵法·虚实篇》中说："夫兵形像水，水之行，避高而趋下，兵之行，避实而击虚。水因地而制流，兵因敌而制胜。故兵无常势，水无常形，能因敌变化而取胜者，谓之神。"领导者也应像水一样适应环境、对象之变化，因地、因时、因人、因情、因势用权，灵活施策，始终掌握管理工作主动权。

箴言四

图难于其易，为大于其细；千里之行，始于足下。

【出处】

《老子·第六十三章》《老子·第六十四章》

【原文】

为无为，事无事，味无味。大小多少。报怨以德。图难于其易，为大于其细；天下难事，必作于易；天下大事，必作于细。是以圣人终不为大，故能成其大。夫轻诺必寡信，多易必多难。是以圣人犹难之，故终无难矣。

其安易持，其未兆易谋；其脆易泮，其微易散。为之于未有，治之于未乱。合抱之木，生于毫末；九层之台，起于累土；千里之行，始于足下。为者败之，执者失之。是以圣人无为故无败，无执故无失。民之从事，常于几成而败之。慎终如始，则无败事。是以圣人欲不欲，不贵难得之货，学不学，复众人之所过，以辅万物之自然而不敢为。

【释义】

以无为的态度去有所作为，以不滋事的方法去处理事物，以恬淡无味当作有味。大生于小，多起于少。要学会以德报怨，以化解敌对情绪。处理问题要从容易的地方入手，实现远大目标要从细微的地方入手。天下的难事，一定从简易的地方做起；天下的大事，一定从微细的部分开端。因此，有“道”的圣人始终不自以为大，所以才能做成大事。那些轻易发出诺言的，必定很少能够兑现的，把事情看得太容易，势必遭受很多困难。因此，有道的圣人总是看重困难，所以就终于没有困难了。

局面安定时容易保持和维护，事变没有出现迹象时容易图谋；事物脆弱时容易消解；事物细微时容易散失；做事情要在它尚未发生以前就处理妥当；治理国政要在祸乱没有产生以前就早做准备。合抱大树，生长于细小的萌芽；九层高台，筑起于每一堆泥土；千里远行，是从脚下第一步开始走出来的。过于作为的将会招致失败，过于执着的将会遭受损害。所以圣人不过于作为所以也不会招致失败，不过于执着所以也不会遭受损害。人们做事情，总是在快要成功时招致失败，所以当事情快要完成的时候，也要像开始时那样慎重，就没有办不成的事情。因此，有道的圣人追求人所不追求的，不稀罕难以得到的货物，学习别人所不学习的，补救众人所经常犯的过错。这样遵循万物的自然本性而不会妄加干预。

【解读】

道家始终强调身体力行的道德实践精神。老子指出："上士闻道，勤而行之；中士闻道，若存若亡；下士闻道，大而笑之。"（《老子·第四十一章》）上士听了道的理论，努力去实行；中士听了道的理论，将信将疑；下士听了道的理论，哈哈大笑。此中修养和态度，高下分明。老子强调："图难于其易，为大于其细；天下难事，必作于易；天下大事，必作于细。"凡此种种，都在强调，所有不平凡的难事必定从平凡的易事做起。都在鼓励人们必须平日努力不懈，脚踏实地，苦干实干，累积众多小成，就能达到重大的成就。海尔集团首席执行官张瑞敏深悟其道说："什么叫做不简单？能够把简单的事情天天做好就是不简单。什么叫做不容易？大家公认的非常容易的事情，非常认真地做好它，就是不容易。"这充分说明"勤而行之"才是真正成功的秘诀。

据《后汉书》记载："陈蕃字仲举，汝南平舆人也。祖河东太守。蕃年十五，尝闲处一室，而庭宇芜秽。父友同郡薛勤来候之，谓蕃曰：'孺子何不洒扫以待宾客?'蕃曰：'大丈夫处世，当扫除天下，安事一室乎?'勤知其有清世志，甚奇之。"说的是汝南平舆人陈蕃，他祖上是河东太守。陈藩十五岁的时候，曾经独自住在一处，庭院以及屋舍十分杂乱。他父亲同城的朋友薛勤来拜访他，对他说："小伙子你为什么不整理打扫房间来迎接客人?"陈藩说："大丈夫处理事情，应当以扫除天下的坏事为己任。怎么能在意一间房子呢?"薛勤认为他有让世道澄清的志向，与众不同。我们认为，陈蕃欲"扫天下"的胸怀固然不错，但错的是他没有意识到"扫天下"正是从"扫一屋"开始的，"扫天下"包含了"扫一屋"，而不

“扫一屋”是断然不能实现“扫天下”的理想的。

老子说：“合抱之木，生于毫末；九层之台，起于累土；千里之行，始于足下。”这是在教育人们做任何事情必须靠平日积累，积少成多，积小成大，而且要力说力行，从今日开始，从当下开始，反对好高骛远、好大恶小、光说不练。任何一项真正意义上的成功，都需要长年累月的积累，知识靠积累，财富靠积累，经验靠积累，信用靠积累，德行靠积累，口碑靠积累……没有“累土”的韧性和毅力，就构筑不起坚实而宏伟的大厦。人类文明成果的传承更需要积累。不注重积累，无论曾经多么璀璨辉煌的文明也会走向衰落乃至中断。当然，这种积累必然伴随着不断创新和发展。后人无法在前人积累的基础上创新，其结果只能是一次次的重复劳动，一次次的智力浪费。

实际上，“积累”体现在人们每时每刻的行为与过程中。对于有心人而言，每天的工作、学习、生活都是在积累经验、知识和资源。任何细微的累积最终会像滚雪球一样越滚越大。这样一个逻辑关系与算法，可以称之为“积累定律”。“积累”贯穿于个人成长与组织发展的整个过程。凭着长期不懈的日积月累，一方面驱动个人、组织、社会一步一个脚印固本强基，在每个阶段上不断创新、巩固成果；另一方面各个个体从不同方向、在不同层面不间断、持续性地累积成果，最终整合为强大的群体创造力。应当说，目前，“积累”还远未渗入基础管理的意识和观念中，鲜在管理理论与实践中提及。不少人特别是某些领导干部更多的是崇拜“一步登天”，追求“早出政绩，快出政绩”，期望个人或组织“发展奇迹”的发生。显然，这是不切实际的。

箴言五

天下万物生于有，有生于无；有之以为利，无之以为用。

【出处】

《老子·第四十章》《老子·第十一章》

【原文】

反者道之动，弱者道之用。天下万物生于有，有生于无。

三十辐共一毂，当其无，有车之用。埏埴以为器，当其无，有器之用。凿户牖以为室，当其无，有室之用。故有之以为利，无之以为用。

【释义】

循环往复的运动变化，是道的运动，道的作用是微妙、柔弱的。天下的万物产生于看得见的有形质，有形质又产生于不可见的无形质。

三十根辐条安装在车轴穿过的圆木上，圆木之间有空距，才使得车可以行走，具有了交通工具的价值；揉合黏土制成器皿，器皿上有空的地方，才能装进东西；开门窗造房子，当中空的地方可以放东西和供人居住，才能发挥房屋的作用。所以，“有”使万物产生价值，而“无”则使“有”发挥作用。

【解读】

在宇宙开始的那一刻，空间和时间都不存在，宇宙的开端是一个“无”的状态。这正是《老子》中所说的：“无，名天地之始”（《老子·第一章》）；“天下万物生于有，有生于无。”（《老子·第四十章》）《老子》开片就斩钉截铁地宣称“无，就是天地的开始”，这同当代世界最著名的科学思想家和最杰出的理论物理学家霍金的理论模型所推导出的宇宙的初始状态是完全一致的。因此，对于为什么要管理？老子认为，本来就应顺乎自然，“无需管理”。因为，“三十辐共一毂，当其无，有车之用。埏埴以为器，当其无，有器之用。凿户牖以为室，当其无，有室之用。故有之以为利，无之以为用”（《老子·第十一章》）。可见，“无”才是众妙之门。因此，真正想要搞好管理的人或组织，没有必要把制度规范制定的过于繁杂，只有“硬度”没有“温度”，更不需要动不动就搞运动、搞形式，劳民伤财。一定要按照管理规律循序渐进，尤其要善于发挥组织文化建设潜移默化的凝聚功能。那些试图有所成就的人也没有必要把自己的日程表安排得满满的，只有为自己留出一片清静无为的空间，才有思考的机会、腾挪的余地，从而才有发展的可能。然而，不少组织领导者却每天都忙得不可开交，出入于各种会场、典礼、活动，热衷搞形式主义等。如此费心尽力，却不得不让那些明智的人们对他们的这种“奉献”精神颇感遗憾，因为他们缺少足够的学习与思考的时间，没有深沉的思想和理性的指导。

不仅如此，从文化角度看，“无中生有”还具有一定的创新指导意义。世界上任何新事物、新知识、新技术的创造和发明，实质上都伴随着一个“无中生有”的创新过程。大家都知道，当今世界白色家电龙头企业海尔集团企业文化的核心是创新。它是在海尔集团三十年发展历程中产生和逐渐形成特色的文化体系。海尔文化以观念创新为先导、以战略创新为方向、以组织创新为保障、以技术创新为手段、以市场创新为目标，伴随着海尔从无到有、从小到大、从大到强、从中国走向世界。有一次，海尔首席执行官张瑞敏出访日本一家大公司。该公司董事长一向热衷中国传统文化。他在介绍该公司经营宗旨和企业文化时，阐述了“真善美”，并引述了老子思想。张瑞敏也发表了自己看法：《道德经》中有一句话与“真善美”语义一致，这就是“天下万物生于有，有生于无”。张瑞敏以这句话诠释了海尔文化之重要性。他说，企业管理有两点始终是我铭记在心的：第一点是无形的东西往往比有形的东西更重要。当领导的到下面去看重的是有形的东西太多，而无形的东西太少。一般总是问产量多少、利润多少，没有看到文化观念、氛围更重要。一个企业没有文化，就是没有灵魂。而文化恰恰是无形的。第二点是老子主张的为人做事要“以柔克刚”。张瑞敏说：“过去人们把此话看成是消极的，实际上它主张的弱转强、小转大是个过程。要认识到：作为企业家，你永远是弱势；如果你真能认识到自己是弱势，你就会朝目标执着前进，也就会成功。”有一次，一位记者问张瑞敏：“一位企业家首先应懂哪些知识?”张瑞敏想了想说：“首先要懂哲学吧!”张瑞敏能联系企业实际，从老子思想中悟到“无”比“有”更重要、“无”生“有”的道理，也悟出柔才能克刚、谦逊才能进取的为人做事之理。骄横与张扬永远是做人之大忌和企业衰败之源。

箴言六

祸兮，福之所倚；福兮，祸之所伏；知足不辱，知止不殆。

【出处】

《老子·第五十八章》《老子·第四十四章》

【原文】

其政闷闷，其民淳淳；其政察察，其民缺缺。祸兮，福之所倚；福兮，祸之所伏。孰知其极：其无正也。正复为奇，善复为妖。人之迷，其日固久。是以圣人方而不割，廉而不刿，直而不肆，光而不耀。

名与身孰亲？身与货孰多？得与亡孰病？甚爱必大费，多藏必厚亡。故知足不辱，知止不殆，可以长久。

【释义】

政治宽厚清明，人民就淳朴忠诚；政治苛酷黑暗，人民就狡黠、抱怨。灾祸啊，幸福依傍在它的里面；幸福啊，灾祸藏伏在它的里面。谁能知道究竟是灾祸还是幸福呢？它们并没有确定的标准。正可以转变为邪的，善可以转变为恶的。人们的迷惑，由来已久了。因此，有道的圣人方正而不生硬，有棱角而不伤害人，直率而不放肆，光亮而不刺眼。

声名和身家性命相比哪一样更为亲切？身家性命和货利比起来哪一样更为贵重？获取和丢失相比，哪一个更为有害？过分追求名利就必定要付出更多的代价；过于积敛财富，必定会招致更为惨重的损失。所以说，懂得满足就不会受到屈辱，懂得适可而止就不会遇见危险，这样才可以保持住长久的平安。

【解读】

物极必反是中国哲学史上关于运动变化的重要命题。《易经》首先提出了“否极泰来”的辩证思想，认为逆境达到极点，就会向顺境转化；坏运到了头好运就来了，即苦尽甘来。老子首先提出物极必反的思想。《老子》指出：“祸兮，福之所倚；福兮，祸之所伏。”

认为福可为祸，正可为奇，善可为妖，事物发展到极限就会向相反方面转化。老子之后，《吕氏春秋》提出：“全则必缺，极则必反，盈则必亏。”《淮南子》也说：“夫物盛而衰，乐极则悲，日中而移，月盈而亏。”并以“塞翁失马，焉知非福”的典故来说明这一道理。《史记》认为，“夫月满则亏，物盛则衰，天地之常也。”认为物极必反是一个普遍适用的自然规律。北宋理学家程颐明确正式使用了“物极必反”一词，认为，“物理极而必反”、“物极则反，事极则变”。

老子说：“圣人去甚、去奢、去泰。”（《老子·第二十九章》）“去甚”就是不要过分，凡事要留有余地；“去奢”就是不要奢华浪费；“去泰”则是不要自大自得，不要以为可以安枕无忧，而要经常谨慎警惕。任何组织或领导者若出现骄矜自满、盛气凌人的现象，便必定物极必反，走向下坡，即老子所谓“福祸相倚”。老子声明：“我有三宝，持而宝之。一曰慈，二曰俭，三曰不敢为天下先。慈，故能勇；俭，故能广；不敢为天下先，故能成器长。”（《老子·第六十七章》）他提醒世人，要宽厚、节俭，要谦虚谨慎、虚怀若谷。这是成功的管理者必备的条件。

《老子》向人们发问，名誉与生命，哪一个更亲切？生命与财产，哪一个更贵重？获得名利与失去生命，哪一个更有害？老子认为，过分吝啬必定招致更多的破费，丰厚的贮藏就会招致惨重的损失。所以，知道满足就不会遭受屈辱；知道适可而止，就不会遇到险情。这样才可以保长久。《老子》告诫人们：“知人者智，自知者明。胜人有力，自胜者强。知足者富，强行者有志。”（《老子·第三十三章》）

老子指出，贪得无厌的欲望是人生的祸根。他警告人们：“祸莫大于不知足；咎莫大于欲得。故知足之足，常足矣。”（《老子·第四十六章》）意思是：最大的祸害是不知足，最大的过失是贪得无厌的欲望。知道到什么地步就该满足了的人，永远是满足的。老子劝告人们：“少则得，多则惑。”（《老子·第二十二章》）由此，我们可以领悟道家的“舍得”智慧：有舍有得，小舍小得，大舍大得，不舍不得。在快速发展的当代市场经济社会，鼓励的往往是不知足和无限积累。人们的精神世界普遍处于焦虑和浮躁之中，人们的物质生活普遍处于盲目攀比的压力之中。结果，人们活得越来越累。就此而言，老子的告诫仍不失为一剂良药。

老子告诫人们："持而盈之，不如其已；揣而锐之，不可长保。金玉满堂，莫之能守；富贵而骄，自遗其咎。功遂身退，天之道也。"（《老子·第九章》）占有太多，不如适可而止；锋芒毕露，势头难保长久。金玉满堂，无法永远拥有；富贵而骄，难免自取祸殃。功成身退，才符合于自然的大道。功成身退是老子深刻总结历史经验形成的人生大智慧。古今中外，有多少不懂得功成身退的元勋重臣身败名裂、死于非命。"兔死狗烹"、"鸟尽弓藏"的悲剧，每朝每代都在一幕一幕地上演着。老子主张功成身退，其实就是主张人发展到一定地步，就应主动从险象环生、杀机四伏的政治舞台回归平民生活，投身自然境界。

《易经》中说："知进退存亡而不失其正者，其唯圣人乎！"知道进退存亡而不失掉他的正确的，他才是真正的圣人啊！而如能达到庄子所谓"天地与我并生，万物与我为一"的人生最高境界，那就是"神人"了。明朝洪应明编纂的《菜根谭》一书中有一副对联写得好："宠辱不惊，看庭前花开花落；去留无意，望天空云卷云舒。"真正的人生就应该活得如此淡泊旷达。

墨家管理智慧六句箴言

墨家创始人——墨翟

战国初年，继儒家之后崛起的是由墨子创立的墨家，儒墨并立而为当时的两大“显学”。《韩非子·显学》开篇就说：“世之显学，儒墨也。儒之所至，孔丘也。墨之所至，墨翟也。”墨子，春秋末期战国初期鲁国（今山东省滕州）人（约在公元前468年—376年），名翟（di）。墨子是中国古代一位百科全书式的文化巨人。他不仅是一位著名的思想家、政治家、教育家、军事家，而且还是一位杰出的科学家，在力学、几何学、代数学、光学等方面，都有重大贡献。墨家思想经典为战国末期墨家后学汇编而成的《墨子》

墨家学派有前后期之分，前期思想主要涉及社会政治、伦理及认识论问题；后期墨家在逻辑学方面有重要贡献。前期墨家在战国初即有很大影响，其社会伦理思想以兼爱为核心，提倡“兼以易别”，反对儒家所强调的社会等级观念，提出“兼相爱，交相利”，以尚贤、尚同、节用、节葬作为治国方法。后期墨家汇合成二支：一支注重认识论、逻辑学、几何学等学科的研究，是谓“墨家后学”（亦称“后期墨家”），另一支则转化为秦汉社会的游侠。

墨家的学生和信徒被后人称为“墨者”，墨子是这个学派的创始人，自然是第一领袖。墨子之后的最高领袖被称为“矩子”。领袖或矩子有着至高无上的权威，所有团体成员必须绝对服从其领导。墨子的伟大人格感召了许多社会下层人士甘愿追随他为天下苍生奔波。据《淮南子·泰族训》记载：“墨子服役者百八十人，皆可使赴火蹈刀，死不旋踵，化之所致也。”意思是只要“矩子”命令一下，其成员可以赴汤蹈火，即使死也不后转脚跟，即永不后退。墨家一个突出的特征是拥有一个组织严密的“准军事组织”，有着严密的组织纪律和政治色彩。参加这个组织的墨者们不顾个人安危，行侠仗义，扶危济困，勇于献身，具有一种可歌可泣的侠肝义胆。鲁迅先生早就指出：“孔子之徒为儒，墨子之徒为侠。”① 可以说，中国的

① 鲁迅：《论流氓繁荣变迁》。

侠客文化是墨子开创的。

儒学与墨学，代表了中国传统文化的两个层次，即中国思想史家蔡尚思先生所言："儒在朝，代表官方统治者，墨在野，代表民间被统治者。"[①] 战国以后，墨家开始衰微。由于代表着劳动人民的利益，不合封建统治阶级的管理需要，后来墨学遭到长期排斥和打击。蔡尚思评价说："只要你不站在封建朝廷的立场，便会发现墨子的大部分思想与精神，在中国文化史上是无比伟大的。中国出了一个墨子，是值得中国人民骄傲的！"[②] 我国党和政府的根本宗旨是全心全意为人民服务，墨家学说所体现的平民文化精神非常值得各级领导干部在治政管理中借鉴和发扬。

---

① 蔡尚思：《中国文化的两大系统》，载《墨子研究论丛》（二），山东大学出版社1993年版，第20页。

② 蔡尚思主编：《十家论墨》，上海人民出版社2004年版，第335页。

箴言一

兼相爱交相利：爱人者，人必从而爱之；利人者，人必从而利之。

【出处】

《墨子·兼爱中》[1]

【原文】

既以非之，何以易之？子墨子言曰："以兼相爱交相利之法易之。"然则兼相爱交相利之法将奈何哉？子墨子言："视人之国若视其国，视人之家若视其家，视人之身若视其身。是故诸侯相爱则不野战，家主相爱则不相篡，人与人相爱则不相贼，君臣相爱则惠忠，父子相爱则慈孝，兄弟相爱则和调。天下之人皆相爱，强不执弱，众不劫寡，富不侮贫，贵不敖贱，诈不欺愚。凡天下祸篡怨恨可使毋起者，以相爱生也，是以仁者誉之。"

夫爱人者，人必从而爱之；利人者，人必从而利之。恶人者，人必从而恶之；害人者，人必从而害之。

【释义】

既已认为不相爱不对，那用什么去改变它呢？墨子说道："用人们全都相爱、交互得利的方法去改变它。"既然这样，那么人们全都相爱、交互得利应该怎样做呢？墨子说道："看待别人的国家就像自己的国家，看待别人的家族就像自己的家族，看待别人之身就像自己之身。"所以诸侯之间相爱，就不会发生野战；家族宗主之间相爱，就不会发生掠夺；人与人之间相爱就不会相互残害；君臣之间相爱，就会相互施惠、效忠；父子之间相爱，就会相互慈爱、孝敬；

---

① 《墨子》（又称《墨经》或《墨辩》）是先秦时期墨家学派的著作总集，《汉书·艺文志》著录七十一篇，现仅存十五卷，五十三篇，一般认为是由墨子的弟子及其后学在不同时期记述编纂而成。墨子提倡兼爱、非攻、尚贤、尚同、天志、明鬼、非命、非乐、节葬、节用，对哲学、逻辑学都有研究和贡献。此外，他在军事学、工程学、力学、几何学、光学上都有相当的研究和贡献，先秦的科学技术成就大都依赖《墨子》以传。

兄弟之间相爱，就会相互融洽、协调。天下的人都相爱，强大者就不会控制弱小者，人多者就不会强迫人少者，富足者就不会欺侮贫困者，尊贵者就不会傲视卑贱者，狡诈者就不会欺骗愚笨者。举凡天下的祸患、掠夺、埋怨、愤恨可以不使它产生的原因，是因为相爱而形成的。所以仁者称赞它。

爱别人的人，别人也随即爱他；有利于别人的人，别人也随即有利于他；憎恶别人的人，别人也随即憎恶他；损害别人的人，别人也随即损害他。

【解读】

"兼相爱"、"交相利"，是墨家社会管理思想的核心和逻辑起点。墨子强调，圣人要把治理天下当作自己的事业，必须了解引起混乱的根源，才能有效治理混乱。他认为，社会混乱的根源在于："天下之人皆不相爱，强必执弱，富必侮贫，贵必傲贱，诈必欺愚。凡天下祸篡怨恨，其所以起者，以不相爱生也。"（《墨子·兼爱中》）所以，墨子将"兼爱"视为仁德，认为消除社会罪恶和混乱产生的根本方法是"以兼相爱交相利之法易之"。"若使天下兼相爱，国与国不相攻，家与家不相乱，盗贼无有，君臣父子皆能孝慈，若此则天下治"。2015 年 12 月 16 日，习近平同志在乌镇出席第二届世界互联网大会并发表主旨演讲时引用了《墨子》的名言："天下兼相爱则治，交相恶则乱。"

墨子的"兼爱"观包括三层含义：一是"爱无差等"。强调不分亲疏、贵贱、等级、差别，一视同仁地爱一切人："视人之国，若视其国；视人之家，若视其家；视人之身，若视其身"。二是反对"杀彼以利我"。你只有爱别人，才能得到别人的爱护。"杀彼"者是不能"利我"的，即"损人不利己"。墨子说："杀人以存天下，非杀人以利天下也。杀己以存天下，是杀己以利天下也。"（《墨子·大取》）当自己的利益与别人的利益发生冲突时，要牺牲自己的利益，保全他人的利益。墨家对个人利己主义的批驳及其彰显的自我牺牲精神，在中国道德教育史上具有深远的历史价值和现实意义。三是爱己与爱人交相互利。墨子指出："爱人不外己，己在所爱之中。己在所爱，爱加于己。伦列之爱人，爱人也。"（《墨子·大取》）意思是，爱别人并非不爱自己，自己也在所爱之中。自己既在所爱之中，爱也加于自己。无差等的爱自己，也就是爱人。儒家亚圣孟子也强调："仁者爱人，有礼者敬人。爱人者，人恒爱之；敬人者，人恒敬之。"（《孟子·离娄下》）"以爱己之心爱人，则尽仁；仁者以其所爱，不仁者以其所不爱，及其所爱。"（张载《正蒙·中正》）从社会公德角度看，墨家的"兼爱"与"相利"是统一的，即"夫爱人者，人必从而爱之；利人者，人必从而利之。恶人者，人必从而恶之；害人者，人必从而害之。"一句话，你如何对待别人，别人也会如此对待你。正所谓"以其人之道，还治其人之身"。

墨家的兼爱交利思想实际上是一种柔性管理，旨在通过民族、国家及人们之间的相互尊重和关爱来改善国际关系、人际关系，消除破坏性冲突，创造和谐的社会或组织环境，促进世界和平。使人们既能自爱又能爱人，从而每个人的利益都能得到满足，这既符合人性的需要，又符合社会道德法律规范。这种思想对于完善国家治理体系和提升国家治理水平，构建和谐社会和和谐世界同样具有现实指导意义。在任何一个组织的班子成员之间、领导干部与群众之间，都应相互理解、尊重、支持和积极合作。在处理干群关系时，领导干部理应承担更多的责任与义务，不要事事与群众计较，更不能动不动与下属争名夺利。在处理国际关系和外交事务时，国家之间不分大小、强弱，一律平等相待，和平共处，共同发展。

箴言二

仁之事者，必务求兴天下之利，除天下之害。

【出处】

《墨子·兼爱中》《墨子·非乐》

【原文】

子墨子言曰："仁人之所以为事者，必兴天下之利，除去天下之害，以此为事者也。"然则天下之利何也？天下之害何也？子墨子言曰："今若国之与国之相攻，家之与家之相篡，人之与人之相贼，君臣不惠忠，父子不慈孝，兄弟不和调，此则天下之害也。"

子墨子言曰："仁之事者，必务求兴天下之利，除天下之害，将以为法乎天下，利人乎即为，不利人乎即止。"

【释义】

墨子说："仁人处理事务的原则，一定是为天下兴利除害，以此原则来处理事务。"既然如此，那么天下的利是什么，而天下的害又是什么呢？墨子说："现在如国与国之间相互攻伐，家族与家族之间相互掠夺，人与人之间相互残害，君臣之间不相互施惠、效忠，父子之间不相互慈爱、孝敬，兄弟之间不相互融洽、协调，这就都是天下之害。"

墨子说："仁人做事，必须讲求对天下有利，为天下除害，将以此作为治理天下的准则。凡是对人民有利的，就去做；凡是对人民无利的，就停止。"

【解读】

墨子既是最古道热肠的思想家，又是最实在的思想家。墨子实在的突出表现，就是他不讳言利。他甚至明确主张，他的一切思想都围绕着一个"利"字。当然，其所谓"利"不是个人的"小利"，而是全人类、全社会的"大利"，即"天下之利"。这恰是墨家比儒家高明的地方。墨子说："仁之事者，必务求兴天下之利，除天下之害。"（《墨子·非乐》）胸怀天下，兴利除害，这是墨子的伟大抱负，也是墨子的社会责任。为天下兴利除害是墨家用以衡量一切思想和行为价值的根本标准。

墨子的“兼相爱”和“交相利”是相结合的。墨子吸收并且发展了子思学派义利合一的思想。这种义利统一观影响了中国社会管理思想2500多年。墨子既不像儒家那样讲道德超越功利，也不像法家那样轻视道德，只讲功利，而是将道德与功利统一起来。鲁迅先生就非常赞同墨子把“义”和“利”统一起来，他在自己的《故事新编》中写墨子，有这么一个情节：鲁班发明了一种木头做的喜鹊，小巧能飞，简直就是飞机的雏形了。他拿这个木鹊给墨子看，墨子却不以为然，批评说：“它还不如木匠做的车轮。”为什么呢？因为在墨子看来，这个木鹊的发明对人没有什么用处，车轮子却天天都要用。“有利于人的，就是巧妙，就是好；不利于人的，就是拙，也就是坏。”

清代有位大思想家叫颜元，这位先生表面上是儒家，实际上是墨子的大粉丝。他坚决反对重义轻利，认为：“以义为利，圣贤平正道理也……义中之利，君子所贵也。后儒乃云正其谊不谋其利，过矣！”（颜元：《四书正误》）由义到利是圣贤最明白的道理，符合义的利正是君子所追求的。墨子的实在就在这里。他讲利，道出了人们最基本的诉求，他又讲计利当计天下利，这又体现了他的理想追求的崇高性。古今中外，真的没有一位思想家像墨子一样“毫不利己、专门利人”，“全心全意为人民服务”。因此，胡适先生评价说：“墨翟也许是中国出现过的最伟大的人物。”

赵士林教授认为，今人学习转化墨家的思想精华要“以墨尽责”。“以墨尽责，就是要学习墨子‘以天下为己任’的精神，对社会尽责，为天下苍生负责。人人都有一份墨子的精神，世界会更美好。”我们时常讲，中国共产党始终代表最广大人民群众的根本利益，共产党员要吃苦在前，享受在后。推进改革发展应当始终以民意为导向，以满足民需为动力。必须坚持一切为了人民，一切依靠人民，改革发展的成果由人民共享。凡是对国家和人民有利的就要努力去做，凡是对国家和人民有害的就要努力消除。

箴言三

国有贤良之士众，则国家之治厚；贤良之士寡，则国家之治薄。

【出处】

《墨子·尚贤上》

【原文】

子墨子言曰："今者王公大人为政于国家者，皆欲国家之富，人民之众，刑政之治。然而不得富而得贫，不得众而得寡，不得治而得乱，则是本失其所欲，得其所恶。是其故何也？"子墨子言曰："是在王公大人为政于国家者，不能以尚贤事能为政也。是故国有贤良之士众，则国家之治厚；贤良之士寡，则国家之治薄。故大人之务，将在于众贤而已。"

【释义】

墨子说：现在王公大人治理国家，都希望国家富强，人民众多，刑政治理，然而结果却是国家不得富强而得贫困，人口不得众多而得减少，刑政不得治理而得混乱，完全失去所希望的，而得到所厌恶的，这是什么原因呢？墨子说：这是因为王公大人治理国家不能做到尊贤使能。在一个国家中，如果贤良之士多，那么国家的治理绩效就大；如果贤良之士少，那么国家的治理绩效就小。所以王公大人的急务，将是如何使贤人增多。

【解读】

墨子提出："夫尚贤者，政之本也。"（《墨子·尚贤上》）他认为"尚贤"（任人唯贤）是为政之本。在政治管理方面，墨子主张"尚贤事能"，即尊尚任用贤能之人。他设计了一整套施政方略：其一，施政治国必用贤人，不"尚贤"必亡国。他指出："入国而不存其士，则亡国矣。见贤而不急，则缓其君矣。非贤无急，非士无与虑国。缓贤忘士，而能以其国存者，未曾有也。"（《墨子·亲士》）"是故国有贤良之士众，则国家之治厚；贤良之士寡，则国家之治薄”。其二，贤人必须德才兼备，即所谓“厚乎德行，辩乎言谈，博乎道术者”（《墨子·耕柱》）。“厚乎德行”指为贤者必须具备为民谋利的宽厚德行。“辩乎言谈”指为贤者应有非凡的交际能力，是能言善辩的智者。“博乎道术”是衡量为贤者的知识标准。“道术”主要指管理国家各级行政事务的思想和方法，处理各种实际问题的才干和知识。其三，选贤任能应做到不党不偏。墨子说：“故古者圣王甚尊尚贤而任使能，不党夫兄，不偏富贵，不嬖颜色。”（《墨子·尚贤中》）“不党夫兄”是回避制度，用人时要尽量不用自己的亲朋好友；“不偏富贵”指不要见钱眼开，不搞权钱交易，拒腐防蚀；“不嬖颜色”指用人不要见色眼迷，要抵制色情诱惑。其四，启用贤人任前要试用、任后要测评。

墨子设计了一套独到的选贤方法。一是“听其言，迹其行，察其所能”（《墨子·尚贤中》）。二是“良剑期乎利，不期乎莫邪”，对人才不能过于苛求。干将、莫邪，乃中国古代的不世名剑，没必要铸剑非干将莫邪、用人非旷世奇才不可。三是“有能则举之，无能则下之，举公义，辟私怨”（《墨子·尚贤上》）。要能上能下，机制畅通。在用人制度设计上，要健全法制，排除私怨，以能否行公义作为选拔选举官员的唯一标准。墨子还提出了用贤“三本”的原则：“何谓三本？曰：爵位不高，则民不敬也；蓄禄不厚，则民不信也；政令不断，则民不畏也。故古圣王高予之爵，重予之禄，任之以事，断予之令。”（《墨子·尚贤中》）“高予之爵”，即提高贤者的官职级别；“重予之禄”，即提高贤者的工资福利待遇，通过改善他们的政治经济地位，使其无后顾之忧，忠心耿耿地为国家效力。“断予之令”，则是使他们有职有权，能够果断地发号施令，以便充分发挥他们的才能。只有采取这种优惠政策，才可以吸引全国各地的人才。否则，人民就不尊敬他、不信任他、不惧怕他。这些优厚的待遇和权力不是领导者恩赐给贤者的好处，而是“欲其事之成也”。也就是说，使贤者有职、有权、有钱，是保证其事业成功的重要管理机制。

墨子还提出了“以德就列，以官服事，以劳殿赏，量功而分禄”（《墨子·尚贤上》）的人才管理要旨。“以德就列”，即依据德行与才能安排官职，这是选贤任能的首要原则。“以官服事”，即根据官职的大小规定其职责范围，监督官员尽职尽责地做好本职工作。“以劳殿赏，量功分禄”则强调对于工作出色的官员给予重奖和提拔，同时对于不称职者给予惩罚和罢免，即“有能则举之，无能则下之”。可见，对于人才的选拔任用与管理，墨子特别重视激励机制，按德行分配官位，以官职权力为国家服务，按功劳政绩确定奖赏、分给俸禄，职、权、利三者统一，赏罚分明。关于如何留住并激励人才，墨子提出了“富之、贵之、敬之、誉之”（《墨子·尚贤上》）的基本手段。

墨家“尚贤事能”的管理思想、机制及方法，对于今天实施人才强国战略，建立以德为先、能力为本和赏罚分明的用人机制具有重要的借鉴价值。

箴言四

上之为政，得下之情则治，不得下之情则乱。

【出处】

《墨子·尚同下》

【原文】

子墨子言曰："知者之事，必计国家百姓所以治者而为之，必计国家百姓之所以乱者而辟之。"然计国家百姓之所以治者，何也？上之为政，得下之情则治，不得下之情则乱。何以知其然也？上之为政，得下之情，则是明于民之善非也。若苟明于民之善非也，则得善人而赏之，得暴人而罚之也。善人赏而暴人罚，则国必治。上之为政也，不得下之情，则是不明于民之善非也，若苟不明于民之善非，则是不得善人而赏之，不得暴人而罚之。善人不赏而暴人不罚，为政若此，国众必乱。故赏不得下之情，而不可不察者也。

【释义】

墨子说道："智者做事，必须考虑国家百姓所以治理的原因而行事，也必须考虑国家百姓所以混乱的根源而事先回避。"然而考虑国家百姓因之治理的原因是什么呢？居上位的人施政，能得到下面的实情则治理，不能得到下面的实情则混乱。怎么知道是这样呢？居上位的施政，得到了下边实情，这就对百姓的善否很清楚。假若清楚百姓的善否，那么得到善人就奖赏他，得到暴人就惩罚他。善人受赏而暴人受罚，那么国家就必然治理。如果居上位的施政，不能得知下面的实情，这就是对百姓的善否不清楚。假若不清楚百姓的善否，就不能得到善人而赏赐他，也不能得到暴人而惩罚他。善人得不到赏赐而暴人得不到惩罚，像这样施政，国家民众就必定混乱。所以赏（罚）若得不到下面的实情，是不可不考察其后果的。

【解读】

墨子在提出"夫尚贤者，政之本也"之后，又提出了"尚同，为政之本而治之要也"（《墨子·尚同下》）这样一个命题，二者都是治理国家的根本问题。墨家的“尚同”即主张在“尚贤”的前提下统一天下。“尚同”是墨家行政管理思想的基本原则。

首先，“尚同”即“上下同”，就是崇尚同一，同一思想和行动。其基本要求是人们的一切思想、行动必须自下而上逐级同一，服从于上级。墨子指出：“上之所是，必亦是之；上之所非，必亦非之。已有善，傍荐之；上有过，规谏之，尚同其义其上，而无有下比之心。”（《墨子·尚同中》）他又提出“天下有义则治，无义则乱”，应“一同天下之义”，即制止天下动乱，必须选举贤能的士、卿、大夫、天子来一同治理天下，为万民兴利除害，这就是“尚同”。墨子认为，在未有国家、“未有刑政之时”，人们思想不统一，“天下之乱若禽兽然”。因此，施行选举制度，按照贤能等第，设立天子、三公、诸侯，使百姓“上之所是，必皆是之；上之所非，必皆非之”。“天子唯能一同天下之义，是以天下治也”（《墨子·尚同上》）。这种“尚同”理想，实际上是一种建立在民主选举基础之上的中央集权制政治管理模式。

其次，“尚同”还有同一政策法令的含义。墨子说：“天下从事者，不可以无法仪，无法仪而其事能成者无有也。”（《墨子·法仪》）管理国家的法仪就是政策法令，政策法令的主要功能是奖惩。墨子主张运用奖惩包括批评表扬等手段来维护国家机器的良性运转。

第三，“尚同”还有上下通情的含义。用现在的话说，就是信息沟通。墨子在谈到“通情”对于国家管理的好处时说：“上之为政，得下之情则治，不得下之情则乱……然计得下之情，将奈何可？故子墨子曰：唯能以尚同一义为政，然后可矣！”（《墨子·尚同下》）墨子把得下之情视为政治成功的充分必要条件，上级是否了解下级的情况，是政治成功的决定因素。上下相通，才能达到天下大治。不仅上级应了解下级情况，下级也应了解上级的意图，“古者圣王唯能以尚同为政，是故上下情通。上有隐事遗利，下得而利之，下有蓄怨积害，上得而除之。”（《墨子·尚同中》）这是墨子所设计的一种理想的政治局面，是尚同所要追求的政治效应。两千多年以后，毛泽东在《一九五七年夏季的形势》一文中，在谈到正确地处理人民内部矛盾和敌我矛盾时说道：“我们的目标，是想造成一个又有集中又有民主，又有纪律又有自由，又有统一意志、又有个人心情舒畅、生动活泼，那样一种政治局面，以利于社会主义革命和社会主义建设。”虽然在他的领导下，我们党在1957年出现了反右扩大化的错误，但毛泽东的这段话还是比较生动地阐述了党的民主集中制。现代组织管理特别要强调上下沟通。只有通过充分而有效的沟通，才能使组织的奋斗目标在管理者与被管理者之中形成上下共识，从而达到上下同心，步调一致，以完成共同的任务。

箴言五

助之视听者众，则其所闻见者远矣；助之动作者众，即其举事速成矣。

【出处】

《墨子·尚同中》

【原文】

故古者圣王唯而审以尚同，以为正长，是故上下情请为通。上有隐事遗利，下得而利之；下有蓄怨积害，上得而除之。是以数千万里之外，有为善者，其室人未遍知，乡里未遍闻，天子得而赏之；数千万里之外，有为不善者，其室人未遍知，乡里未遍闻，天子得而罚之。是以举天下之人，皆恐惧振动惕栗，不敢为淫暴，曰："天子之视听也神！"先王之言曰："非神也。夫唯能使人之耳目助己视听，使人之吻助己言谈，使人之心助己思虑，使人之股肱助己动作。"助己视听者众，则其所闻见者远矣；助之言谈者众，则其德音之所抚循者博矣，助之思虑者众，则其谈谋度速得矣；助之动作者众，即其举事速成矣。故古者圣人之所以济事成功，垂名于后世者，无他故异物焉，曰：唯能以尚同为政者也。

【释义】

古代的圣王，因为能够审慎地统一民众的意见，立为行政长官，所以上下之情就沟通了。上面若有尚被隐蔽而遗置的利益，下面的人能够随时开发他，使他得到好处；下面若有蓄积的怨和害，上面也能够随时除掉他。所以远在数千或数万里之外，如果有人做了好事，他的家人还未完全知道，他的乡人也未完全听到，天子就已知道并赏赐他；远在数千或数万里之外，如果有人做了坏事，他的家人还未完全知道，他的乡人也未完全听到，天子就已知道并惩罚了他。所以所有天下的人，十分害怕和震动战栗，不敢做淫暴的事。有人说："天子的视听如神。"先王说过这样的话："不是神，只是能够使他人的耳目帮助自己视听；使他人的唇吻帮助自己言谈，使他人的心帮助自己思考，使他人的四肢帮助自己动作。”帮助他视听的人多，那么他的所见所闻就广大了；帮助他言谈的人多，那么他的声音所安抚的范围就广阔了；帮助他思考的人多，那么计划很快就能实行了；帮助他动作的人多，那么他所做的事情很快就能成功了。所以古代的圣人能够把事情办成功、名垂后世，没有别的其他原因，只是能够以“尚同”的原则来行使政事。

【解读】

墨子曰：“有本之者，有原之者，有用之者。于何本之？上本之于古者圣王之事；于何原之？下原察百姓耳目之实；于何用之？废以为刑政，观其中国家百姓人民之利。此所谓言有三表也。”（《墨子·非命上》）墨子认为辨别言论是非、真伪，有三条标准。有本原的，有推究的，有实践的。如何考察本原？要向上本原于古时圣王事迹。如何推究呢？要向下考察百姓的日常事实。如何实践呢？把它用作刑法政令，从中看看国家百姓人民的利益。

墨子所谓“上本之于古者圣王之事”，即以过去的间接经验作为衡量真伪是非的标准。一是强调通过历史的经验教训，彰往察来。墨子曰：“古者有语：‘谋而不得，则以往知来，以见知隐’。谋若此可得而知矣。”（《墨子·非攻》）古人认为：“如果谋虑不到，就根据过去推知未来，根据明显的事推知隐微。”如果能这样谋虑，则所谋必得。二是注重直接经验，“吾以为古之善者则述之，今之善者则作之，欲善之益多也。”（《墨子·耕柱》）所谓“原察百姓耳目之实”，是强调把多数人的经验作为判断真假和有无的标准。即“是以天下之所以察知有与无之道者，必以众人耳目之实，知有与无为仪者也。”（《墨子·明鬼下》）墨子认为，圣明的天子或成功的管理者并非神人，而是充分利用他人来帮助自己收集信息，使用别人的耳目帮助自己去听去看；使用别人的嘴巴帮助自己去说；使用别人的心帮助自己思考；使用别人的手脚帮助自己去行动，这样所见所闻的知识就是丰富了，自己善言所安抚的范围就广博了，计谋规划就能很快实现，所做的事情就能很快成功了。所谓“发以为刑政，观其中国家百姓人民之利”，是指要以社会政治的效果检验知识的真假和言论的好坏。用辩证唯物主义观点来说，就是坚持实践是检验真理的唯一标准。

墨子上述重视集中民智、民力的思想，用中国共产党的理论与实践来说，就是要坚持走群众路线。群众路线是党的根本工作路线，以毛泽东为代表的中国共产党在长期斗争中形成了一切为了群众，一切依靠群众和从群众中来，到群众中去的群众路线。对于群众路线历来的解释，正如毛泽东所言，无非是从群众中来，到群众中去，集中起来，坚持下去。这就是正确地反映群众的意见，然后正确地领导群众。党的正确的路线、政策是从群众中来的，是反映群众的要求的，是合乎群众的实际的，是实事求是的，是能够为群众所接受、能够动员起群众的，同时又是反过来领导群众的，这就叫群众路线。

在现代组织管理中尤需重视发挥众人之智。领导者个人的知识、经验及能力总是有限的。因此，在对一些重大问题做出决策之前，必须深入开展调查研究，广泛听取各方面的意见，特别要开展相应的专家咨询，按照民主的程序和科学的方法进行决断，以减少决策失误。英国著名作家萧伯纳有一句名言说得好：“两个人在一起交换苹果与两个人在一起交换思想完全不一样。两个人交换了苹果，每个人手里还是只有一个苹果；但是两个人交换了思想，每个人就同时有了两个人的思想。”

箴言六

仁者之为天下度也，非为其目之所美，耳之所乐，口之所甘，身体之所安。

【出处】

《墨子·非乐》

【原文】

子墨子言曰：仁之事者，必务求兴天下之利，除天下之害，将以为法乎天下，利人乎即为，不利人乎即止。且夫仁者之为天下度也，非为其目之所美，耳之所乐，口之所甘，身体之所安，以此亏夺民衣食之财，仁者弗为也。

是故子墨子之所以非乐者，非以大钟、鸣鼓、琴瑟，竽笙之声，以为不乐也；非以刻镂、华文章之色，以为不美也；非以犓豢煎炙之味，以为不甘也；非以高台、厚榭、邃野之居，以为不安也；虽身知其安也，口知其甘也，目知其美也，耳知其乐也，然上考之，不中圣王之事，下度之，不中万民之利。是故子墨子曰：“为乐，非也！”

【释义】

墨子说：“仁人做事，必须讲求对天下有利，为天下除害，将以此作为天下的准则。对人有利的，就做；对人无利的，就停止。”仁者替天下考虑，并不是为了能见到美丽的东西，听到快乐的声音，尝到美味，使身体安适。让这些来掠取民众的衣食财物，仁人是不做的。

因此，墨子之所以反对音乐，并不是认为大钟、响鼓、琴瑟、竽笙的声音不使人感到快乐，并不是以为雕刻、纹饰的色彩不华美，并不是以为煎炙的豢养的牛猪等的味道不香甜，并不是以为居住在高台厚榭深远之屋中不安适。虽然身体知道安适，口里知道香甜，眼睛知道美丽，耳朵知道快乐，然而向上考察，不符合圣王的事迹，向下考虑，不符合万民的利益。所以墨子说：“过度追求娱乐活动，是错误的！”

犓豢（chú huàn）：指饲养牲畜。《说文·牛部》：“犓，以刍莝养圈牛也”

【解读】

墨翟是我国历史上第一个倡导以节俭为美德的思想家。《墨子》的《节用》《节葬》和《非乐》等篇，集中阐述了这一理论。墨子讲“节用”，主张勤俭节约，不要铺张浪费，是抨击统治者的高消费；讲“节葬”，主张葬礼要节俭，是抨击统治者耗费巨资办葬礼；讲“非乐”，反对天天搞音乐会，是抨击统治者沉迷于声色享受。

墨子始终把关注天下苍生的重点放在平民、弱者身上，是中国历史上专门为穷人说话的思想家。鉴于贵族之文已经严重地剥夺了平民之用，墨子旗帜鲜明主张先用后文，强调首先保障百姓的生存权，然后再追求高层次的文化消费，即“食必常饱，然后求美；衣必常暖，然后求丽；居必常安，然后求乐。”（《墨子》佚文）他告诫统治者：“仁者为天下度也，非为其目之所美，耳之所乐，口之所甘，身体之所安，以此亏夺民衣食之财。”统治者不应一味地满足自己的声色之娱、口腹之乐，甚至为此不惜剥夺民众的基本生存权。

对弱者的无限同情，对穷人的真诚呵护，是墨子始终不变的情怀。因此他说：“民有三患：饥者不得食，寒者不得衣，劳者不得息。三者，民之巨患也。”（《墨子·非乐》）他的追求就是要解决这三大问题：“使饥者得食，寒者得衣，劳者得息。”用今天的话就是要关注和解决好民生问题。同时，墨子也认识到，光靠努力生产尚不足以绝对保障社会财富的充足。因而，厉行节约与努力生产一样，同为重要的治国安民之策。所以墨子说：“故虽上世之圣王，岂能使五谷常收而旱水不至哉！然而不冻饿之民者，何也？其力时急而自养也……其生财密，其用之节也。故仓无备粟，不可以得凶饥。”（《墨子·七患》）开源节流，不可废其一。墨子说：“今天下为政者，其所以寡人之道多，其使民劳，其籍敛厚，民财不足，冻饿死者，不可胜数也。”（《墨子·节用上》）故墨子主张用财必须用在对百姓有利的地方，“凡足以奉给民用则止，诸加费不籍于民利者，圣王弗为”（《墨子·节用中》），“是故用财不费，民德不劳，其兴利多矣”（《墨子·节用上》）。同时，他要求人们学习大禹治水、自苦为极的精神，在个人物质生活方面，只取最低的标准。墨子倡导节俭是从珍惜劳动成果、减轻劳动者的经济负担出发的。

艰苦奋斗是中国共产党的优良传统和作风。整治领导干部奢靡之风、享乐主义倾向，反对和制止铺张浪费，是在全党开展的群众路线教育实践活动的主要内容之一。因此，任何组织和个人都要厉行节约，防止铺张浪费。特别是领导干部及公务人员，其薪金收入和消费水平无法与某些高收入阶层相比，因此应正确处理好消费与节俭的关系，做到理性消费、简约生活。

法家管理智慧六句箴言

法家集大成者——韩非子

在先秦诸子百家争鸣的思想格局中，最后成熟的是法家。法家是与当时国家治理实践结合得最为紧密的一个学派。从思想渊源上看，法家起源于春秋时期齐国的管仲与郑国的子产，发展于战国时的李悝、吴起、商鞅、申不害、慎到，集大成于战国末期的韩非子。管仲与子产力主强化法令刑律以富国理乱，李悝著《法经》，商鞅实行“法治”，申不害、慎到相继提出重“术”、重“势”的思想，至韩非子集法（政令）、术（策略）、势（权势）之大成，建构成完备的法家理论体系，李斯则协助秦始皇全面实践法家学说。有趣的是，韩非子、李斯这两位法家的理论家与实践家却同出自儒家重要传人荀子的门下。相传，孔子之后，儒分为八。其中，孟子继承和发扬了儒家“仁”的学说，强调修身养性，即“内圣”；而荀子则继承和发扬了儒家“礼”的学说，强调礼制规范，即“外王”。韩非子、李斯将儒家的礼制思想与前辈法家的法治思想相结合，不仅创造了完备的法家学说，而且进行了充分实践。

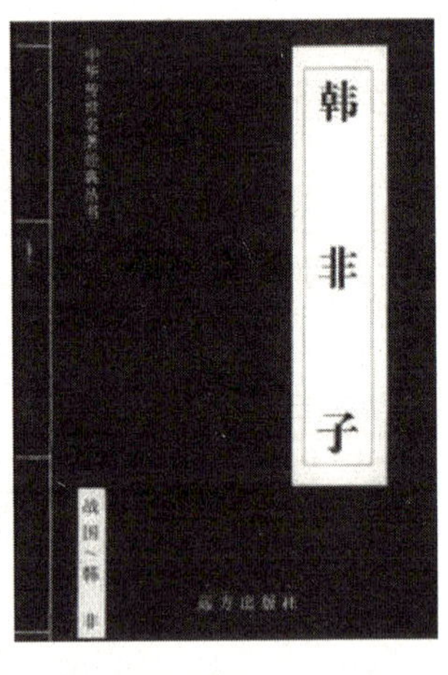

从整体上看，法家管理智慧具有以下四个特色：(1) 以法为重的制度管理。法家的精义归结为一个字，就是“法”，强调制度管理，反对儒家的“人治”。具体来说，法家所说的“法”有立法、变法与任法三重含义。立法，即制度建设；变法，即制度变革；任法，即强调在管理过程中排除情感的因素，不论亲疏，不论贵贱，一切以法律规定为准绳。(2) 以势为尊的集权管理。一方面他们主张帝王应当充分利用自己的“势”来实行“法治”、进行管理；另一方面，他们又主张用“法”与“术”来稳固、强化帝王的权威，法家所提供的是一种集权管理模式。(3) 以术为用的控制技巧。以最高管理者的集权控制为目标的管理制度、管理权威与管理技巧的有机结合，是法家管理智慧的特色所在。(4) 以德为辅的名誉管理。韩非子主张治国“不务德而务法”。有些论者据此便认为，他唯法为务，完全否认道德的作用。其实，韩非在主张以法治国的同时，认为道德具有不可忽视的作用。

法家学说对中国封建社会政治制度的形成和发展产生了重大的影响。韩非子被后世尊称为“帝王之师”。如果说中国传统的思想文化是“儒（释）道互补”，那么在政治文化领域，“儒法并施”、“德法同治”、“阳儒阴法”等观点和措施则维护了两千多年中国封建社会集权统治的相对稳定。所以，毛泽东认为，“历代都行秦政法”。

箴言一
以法治国，举措而已；奉法者强则国强，奉法者弱则国弱。

【出处】

《韩非子·有度》①

【原文】

国无常强，无常弱。奉法者强，则国强；奉法者弱，则国弱。

故以法治国，举措而已矣。法不阿贵，绳不挠曲。法之所加，智者弗能辞，勇者弗敢争。刑过不辟大臣，赏善不遗匹夫。故矫上之失，诘下之邪，治乱决缪，绌羡齐非，一民之轨，莫如法。

【释义】

国家没有永久的强，也没有永久的弱。执法者强国家就强，执法者弱国家就弱。

所以，以法治国，就是用法令约束人们的举措而已。法令不偏袒权贵，墨绳不迁就弯曲。法令该制裁的，智者不能逃避，勇者不敢抗争。惩罚罪过不回避大臣，奖赏功劳不漏掉平民。所以矫正上面的过失，追究下面的奸邪，治理纷乱，判断谬误，削减多余，纠正错误，统一民众的规范，没有比得上法的。

【解读】

“以法治国”是法家思想的基本特征和管理取向。管子说：“治国使众，莫如法。”（《管子·明法解》）商鞅说：“明王之治天下也，缘法而治。”（《商君书·君臣》）韩非子高度重视法治，要求一切皆

---

① 《韩非子》是法家集大成的著作，韩非逝世后，由其后人辑集而成。《汉书·艺文志》著录《韩非子》五十五篇。韩非是战国时期（前 475 年—前 221 年）著名的哲学家、法家学说集大成者、散文家。他创立的法家学说，为中国第一个统一专制的中央集权制国家的诞生提供了理论依据。《韩非子》一书重点宣扬了韩非法、术、势相结合的法治理论。它不仅是先秦诸子百家思想的一朵奇葩，而且也是一部立论鲜明、论谈犀利、文势充沛、气势磅礴的散文杰作。其中的寓言故事不仅数量多，而且在思想上和艺术上都达到了很高的水平，许多寓言故事一直流传至今，成为我国文学创作史上的宝贵财富。

循法而治。他认为:“国无常强,无常弱。奉法者强,则国强;奉法者弱,则国弱。”(《韩非子·有度》)“治民无常,唯治为法”。“故法者,王之本也。”(《韩非子·心度》)意思是,君主坚决按法办事,国家就强;君主不按法办事,国家就弱。法治是长远大计、治国之本。“故以法治国,举措而已。”法家之“法治”,是针对儒家所宣扬的“人治”、“德治”而提出的。儒家认为在治理国家上起决定作用的是“人”,即所谓“其人存则其政举,其人亡则其政息。”(《礼记·中庸》)主张圣贤治国、为政在人。韩非子则认为“道法万能,智能多失”(《韩非子·饰邪》),即是说按照客观规律和法办事就能万无一失,凭个人智慧和才能做事则容易发生失误。所以他主张“以道为常,以法为本。”(《韩非子·饰邪》)“一民之轨,莫如法。”即治国理民要按客观规律办事,将法作为治国的根本。统一人民的行为规范,最好的办法就是建立健全法治,依法办事。

韩非子提出了“以法治国”的基本原则:其一,法必须具有公、明、祥、稳、变等特点,即公开、明确、周详、稳定、适时等。其二,法不阿贵,绳不绕曲。他强调:“法不阿贵,绳不绕曲。法之所加,智者弗能辞,勇者弗敢争,刑过不避大臣,赏善不遗匹夫。”意思是,执行法律即使是对高贵的人、有权势的人也不徇情。惩罚有过失的人,即便是官至大夫也不例外;奖励表现好的人,即便是村野匹夫也不遗漏。这充分体现了法律的公平性。司马迁之父、汉初太史令司马谈评价说:“法家不别亲疏,不殊贵贱,一断于法,则亲亲尊尊之恩绝矣。可以行一时之计,而不可长用也,故曰‘严而少恩’。”(司马谈:《论六家要旨》)也就是说,法家主张实行严刑峻法且刻薄寡恩。法家主张,不论关系亲近还是疏远,地位尊贵还是低贱,一律依据法令来决断,那么亲亲属、尊长上的恩爱关系就断绝了。司马谈认为,这些可作为一时之计来施行,却不可长用,所以说法家“严酷而刻薄寡恩”。其三,赏厚而信、刑重而必、如一而固。赏功罚过是法家的基本思想。韩非子认为,实现法治,一方面要“峭其法而严其刑”,也就是实行严刑峻法;另一方面则是奖赏。但无论赏还是罚,文章都要做足,工作都要到位。韩非子说:“是以赏莫如厚而信,使民利之;罚莫如重而必,使民畏之;法莫如一而固，使民知之。”（《韩非子·五蠹》）他认为，奖赏莫过于丰厚而且守信，让人民获利；惩罚莫过于重刑而且必须执行，让人民畏惧；法莫过于始终如一而且稳定，让人民知道（法的尊严）。可以说，“赏莫如厚而信”、“罚莫如重而必”、“法莫如一而固”，就是法家的法治三原则。即便是在现代社会，鼓励公民自觉学法、知法、守法，强调司法部门严格公正执法、严厉惩罚违法犯罪行为，仍然是法治文化建设的重要价值取向。

箴言二
抱法处势则治，背法去势则乱。

【出处】

《韩非子·难势》

【原文】

抱法处势则治，背法去势则乱。

【释义】

掌握法度、据有权势就可以使天下太平，背离法度、丢掉权势就会使天下混乱。

【解读】

势，是法家政治学说的核心概念。广义的势，指客观形势，是统治者研究问题，提出克敌制胜、驾驭群臣、统治众人的战略和策略依据；狭义的势，指权势，指统治者所拥有的以上驭下的地位及其所产生的权威力量。法家认为，掌握权势、具备权威、拥有权力是进行国家管理活动的必要条件。

韩非子强调："抱法处势则治，背法去势则乱。"意即掌握法律，树有权威，就能达成治理；背离法律，失去权威，就会出现祸乱。抱法，指制定和执行政策法令；处势，指凭借君主的地位和权力去实行统治。抱法处势即把法和势结合起来，用势来保证法的推进。这里，韩非提出要"法势合一"，统治者必须同时兼备两种权威，即制订法的权威与实施法的权威，才能达到"抱法处势则治"的境界。用现在的话说，就是法的实施必须以国家强制力和执法力量的权威为后盾。

韩非子重视运用"人设之势"。他根据取得势位的来历不同，将来自世袭或其他形式的授权所拥有的职位及权力称为"自然之势"；把不是来自世袭或授权，而是运用各种手段造就的新权势称为"人设之势"。二者中，韩非更强调或突出"人设之势"。他说："势必于自然，则无为言势矣。吾所言势者，言人之所设也。"（《韩非子·难势》）其所谓“人设之势”，又包括两层含义：一是“聪明之势”，即统治者集中天下臣民的智慧，让他们的耳目化为自己的耳目，让他们的聪明化为自己的聪明，以扩大自己领导的权威；二是“威严之势”，即统治者坚持对臣民的严格控制，言出必从，说一不二，以巩固自己的权威。这说明，世界上不可能出现完全的法治，正如孟子所言：“徒善不足以为政，徒法不足以自行。”（《孟子·离娄上》）只有善德不足以处理国家的政务，只有法令不能够使之自行发生效力。治理国家必须把行善政与行法令结合起来。

对于现代组织及其领导者来说，管理成功的要旨同样在于营造好“自然之势”和“人设之势”，特别是要正确处理好二者之间的关系。组织领导者的“自然之势”是指来自组织和法律所授予的领导职位、责任和权力，对下级来说是强制而必须服从的领导力量。我们不妨把它称为权力影响力。组织领导者的“人设之势”就是人们常说的“威信”，指由于领导者自身具有高尚的品格、丰富的知识、突出的才能和真挚的情感而受到被领导者的敬佩，靠领导者自己的威信和以身作则的行为来影响别人自觉接受自己的意见，从而起到领导的作用。这种影响力是建立在群众对领导者崇敬、信服的基础之上的，是一种非权力影响力。我们通常所讲的权威实际上就是权力与威信、权势与威望的复合体。

箴言三

术者，因任而授官，循名而责实。

【出处】

《韩非子·定法》

【原文】

问者曰："申不害、公孙鞅，此二家之言孰急于国?"

应之曰："是不可程也。人不食，十日则死；大寒之隆，不衣亦死。谓之衣食孰急于人，则是不可一无也，皆养生之具也。今申不害言术而公孙鞅为法。术者，因任而授官，循名而责实，操杀生之柄，课群臣之能者也。此人主之所执也。法者，宪令著于官府，刑罚必于民心，赏存乎慎法，而罚加乎奸令者也。此臣之所师也。君无术则弊于上，臣无法则乱于下，此不可一无，皆帝王之具也。"

【释义】

问话的人说："申不害和商鞅，这两家的学说哪一家对治理国家更急需?"

韩非回答他说："这是不能比较的。人不吃饭，十天就会饿死；在极寒冷天气下，不穿衣服也会冻死。若问衣和食哪一种对人更急需，则是缺一不可的，都是维持生命所必需的条件。现在申不害提倡运用术而商鞅主张实行法。所谓术，就是依据才能授予官职，按照名位责求实际功效，掌握生杀大权，考核群臣的能力。这是君主应该掌握的。所谓法，就是由官府明文公布，赏罚制度深入民心，对于谨慎守法的人给予奖赏，而对于触犯法令的人进行惩罚。这是臣下应该遵循的。君主没有术，就会在上面受蒙蔽；臣下没有法，就会在下面闹乱子；所以术和法缺一不可，都是称王天下必须具备的东西。"

【解读】

法家很强调"术"，认为它是君主控制官吏的有效策略，也是其推行法治的手段。申不害是最早深入探索君主治吏方法的法家代表人物，他提出“术治”说。所谓“术”，韩非子总结说：“术者，因任而授官，循名而责实，操生杀之柄，课君臣之能者也，此人仗之所执也。”所谓术，就是君王按职能能力授予官职，按照官职考察政绩，掌握生杀予夺的大权，这是君王的看家功夫。韩非子提出的“课能之术”构建了一个从聘任到考察再到激励的闭环管理系统。其中，最基本的就是“因任而授官，循名而责实”。

在韩非子看来，“因任而授官”乃治国之关键。所谓因任授官，即君主要根据人的才能，而不是出身和声誉选拔官吏、授予官职，才能越高，则官位越高。韩非子认为，英明的君主“称能而官事”，能够确保“所用者必有能”（《韩非子·人主》）。根据能力授予官职和政事是韩非子的一贯主张，他提出所用之人一定要有很强的能力。为了让更多的能人为自己所用，韩非子告诫君主们，要“外举不避仇，内举不避亲”（《韩非子·说疑》），在选拔贤能之人的时候，对外不排斥自己的仇敌，对内不回避自己的亲属。春秋时，在齐国公子小白（即齐桓公）与公子纠争夺君位的斗争中，管仲曾支持公子纠，并有射杀小白之举。小白取得君位后，在鲍叔牙力荐之下，不计前嫌，重用管仲为相。管仲感叹说：“生我者父母，知我者鲍子也。”（《史记·管晏列传》）其后管仲不负众望，倾力辅佐齐桓公施行改革，终于成就一代霸业。“管鲍之交”由此成为中国代代流传的佳话。我们党和国家在选拔干部和人才过程中，一直强调坚持德才兼备、选贤任能的用人原则。我们当然不能赞同法家“内举不避亲”的思想，必须坚持相应的回避政策。但对于那些敢于坚持真理和正义、勇于纳言直谏之士，能否做到“外举不避仇”，则最能体现领导者的心胸气度之大小和政治品格之高低。

“循名而责实”，是法家稽核考查官吏时遵循的一条基本原则。“名”指的是言论和职位；“实”指的是行动和功效。国君委任官吏，要考察他们是否名副其实，工作是否称职，言行是否一致，对君主是否忠诚，并根据考察的结果进行赏罚，提拔重用忠诚可靠之臣，贬除狡诈奸猾之人。同样，我们今天考评一个单位、一个干部的工作绩效，不能只满足于听汇报、看材料，而应对照其当初的言语承诺，具体考察其实际的所作所为及取得的客观效果。正如孔子所言：“夫取人之术也，观其言而察其行也。”（《说苑·尊贤》）既要考评其“显绩”，更要考评其“潜绩”。要教育引导干部树立求真务实、开拓创新的政绩观，任何时候都要做到言行一致、名副其实，决不能弄虚作假、沽名钓誉。

箴言四

吏者，民之本，纲者也，故圣人治吏不治民。

【出处】

《韩非子·外储说右下》

【原文】

人主者，守法责成以立功者也。闻有吏虽乱而有独善之民，不闻有乱民而有独治之吏，故明主治吏不治民。说在摇木之本与引网之纲。

摇木者一一摄其叶，则劳而不遍；左右拊其本，而叶遍摇矣。临渊而摇木，鸟惊而高，鱼恐而下。善张网者引其纲，若一一摄万目而后得，则是劳而难；引其纲，而鱼已囊矣。故吏者，民之本、纲者也，故圣人治吏不治民。

【释义】

君主是依靠严守法令，责求臣下完成任务来建立功业的人。只听说官吏虽然胡作非为而仍有自行守法的民众，没听说民众作乱时仍有自行依法办事的官吏，所以明君应致力于管理好官吏而不去管理民众。有关的解说在摇树要摇干、拉网要拉纲的故事里。

摇树的人如果逐一地掀动树叶，即使很劳累，也不能把叶子全部揭遍；如果左右拍打树干，那么所有的树叶就都会晃动了。在深潭的边上摇树，鸟惊而高飞，鱼恐而深游。善于张网捕鱼的人牵引渔网的纲绳，如果逐一地拨弄网眼，然后捉鱼，那就不但劳苦，而且也难以捕到鱼了；牵引网上的纲绳，鱼就自然被网住了。所以官吏是民众的树干和纲绳，因此圣明的君主管理官吏而不去管理民众。

【解读】

国家治理的关键在于吏治[①]，吏治腐败则会导致亡党亡国。因此，历代有作为的统治者都非常重视整饬吏治，加强对官员的管理

---

① 吏治，旧时指地方官吏的作风和治绩。

与告诫，肃清官员的贪污腐败行为。

韩非作为战国时期法家的集大成者，继承并发展了前辈法家的吏治思想，明确提出了“明君治吏而不治民”的精辟论点，进一步突出了吏治在国家政治生活中的重要性。他认为，官吏是国君治民的中介，违法犯禁者多为有特权的官吏。“闻有吏乱而有独善之民，不闻有乱民而有独治之吏，故明君治吏而不治民。”“故吏者，民之本，纲者也，故圣人治吏不治民。”（《韩非子·外储说右下》）

韩非引述孔子的话说：“善为吏者树德，不能为吏者树怨。概者，平量者也；吏者，平法者也。治国者，不可失平也。”孔子认为，善于做官的人树立恩德，不会做官的人树立怨仇。概这种器物是用来量平斗斛的，吏这种官员是用来公平行法的。治理国家的人，不可以失去公正。

在韩非的吏治思想中，官吏的选拔和任用，是重中之重。他指出：“任人以事，存亡治乱之机也。”（《韩非子·八说》）强调官吏的选拔成功与否，直接关系到国家的兴衰。为此，韩非提出了“上法而不上贤”的官吏选拔标准，即君主要“使法择人”（《韩非子·人主》），依据才能和为国家作出的贡献任用官吏。并且，“官袭节而进，以至大任。”“明主之吏，宰相必起于州部。”（《韩非子·八经》）意思是选定一人，先要委以低职，然后根据其政绩从基层不断培养和选拔。

中国共产党作为执政党是中国社会主义现代化建设事业的领导核心。多年来，中共中央一再强调：“治国必先治党，治党务必从严。”2012 年 11 月 15 日，习近平率十八届中央政治局常委与中外记者见面时强调：“新形势下，我们党面临着许多严峻挑战，党内存在着许多亟待解决的问题。尤其是一些党员干部中发生的贪污腐败、脱离群众、形式主义、官僚主义等问题，必须下大气力解决。全党必须警醒起来。打铁还需自身硬。我们的责任，就是同全党同志一道，坚持党要管党、从严治党，切实解决自身存在的突出问题，切实改进工作作风，密切联系群众，使我们党始终成为中国特色社会主义事业的坚强领导核心。”

2014 年 6 月 26 日，习近平在《中央政治局常委会听取中央巡视工作领导小组二〇一四年中央巡视组首轮巡视情况汇报时的讲话》中强调："选好人、用对人是头等大事，要用最坚决的态度、最果断的措施刷新吏治。"他指出："吏治腐败是最大的腐败，用人腐败必然导致用权腐败。花钱跑官买官，一定在当权后用权力把钱千方百计捞回来。从严治党，必先从严治吏，要抓住管权治吏的要害，严肃查处用人腐败。"

箴言五

宰相必起于州部，猛将必发于卒伍。

【出处】

《韩非子·显学篇》

【原文】

故明主之吏，宰相必起于州部，猛将必发于卒伍。夫有功者必赏，则爵禄厚而愈劝；迁官袭级，则官职大而愈治。夫爵禄大而官职治，王之道也。

【释义】

所以，明主手下的官吏，宰相一定是从地方官中选拔上来的，猛将一定是从士兵队伍中挑选出来的。有功劳的人必定给予奖赏，那么俸禄越优厚他们就越受鼓励；不断地升官晋级，则官职越高他们就越能办事。高官厚禄，公务大治，是称王天下的正道。

“州部”，指古代基层行政单位；“卒伍”，指古代军队基层编制，五人为伍，百人为卒。

【解读】

“宰相必起于州部，猛将必发于卒伍。”意思是说，宰相都是从基层州部中锻炼上来的，而猛将都是从军队卒伍中摔打出来的。这两句话阐述了凡成大事者，必须从基层做起。韩非子强调国家的文臣武将，特别是高级官员和将领的选拔，一定要有基层实际工作经验。因为这些人来自基层，更了解战场的形势和百姓的疾苦，也就能够更好地处理政务，领兵作战；反之，如果缺乏基层历练，就有可能纸上谈兵，误国误民。

“宰相必起于州部，猛将必发于卒伍”作为我国古代用人历史经验的深刻总结，至今仍有重要的现实指导意义，那就是基层是锻炼培养干部的摇篮。领导机关的干部只有熟悉基层，才能制定出符合基层实际的政策；只有经过基层历练，才能具备处理实际问题的能力。习近平同志非常重视从基层一线培养选拔干部，他自己的亲身经历也证明了从一线和基层做起，才能更接地气、通民声、懂国情。2013年3月19日习近平接受金砖国家媒体联合采访时深有体会地引用韩非子的话说：“中国有句古话，‘宰相必起于州部，猛将必发于卒伍’。我们现在的干部遴选机制也是一级一级的，比如，我在农村干过，担任过大队党支部书记，在县、市、省、中央都工作过。干部有了丰富的基层经历，就能更好树立群众观点，知道国情，知道人民需要什么，在实践中不断积累各方面经验和专业知识，增强工作能力和才干。这是做好工作的基本条件。”

好干部不会自然而然产生。血雨腥风的革命战争年代，筚路蓝缕的创业建设时期，优秀干部都是大浪淘沙、百战砥砺，一步步成长成熟起来的。如今身处和平时代，广大党员干部的成长同样要注重实践磨炼，知民情、接地气。只有在基层这个改革发展的主战场、干事创业的第一线、服务群众的最前沿沉下心来，经过一番实干、苦干，才可能锻炼出真本领、积累出真经验，关键时刻才能站得出来、危急关头才能豁得出去。

箴言六

圣人不期修古，不法常可，论世之事，因为之备。

【出处】

《韩非子·五蠹》

【原文】

是以圣人不期修古，不法常可，论世之事，因为之备。宋有人耕田者，田中有株，兔走触株，折颈而死，因释其耒而守株，冀复得兔，兔不可复得，而身为宋国笑。今欲以先王之政，治当世之民，皆守株之类也。

【释义】

因此，圣人不期望学习照搬古法，不效法常规的那一套，而是根据时代论事，制定相应措施。宋国有个耕地的人，田里有一棵树，兔子在奔跑时撞树，颈部撞断死了，于是他放下手中的农具而守在树旁，希望再捡到撞树而死的兔子，兔子是不可能再得到了，而自己却被宋国人取笑。如今想要用先王的政治措施来治理当代的民众，那就无疑都属于守株待兔之类的人了。

【解读】

法家重视“事因于世”的权变管理。作为战国时期最著名的改革家和早期法家代表人物，商鞅曾大张旗鼓地提出：“三代不同礼而王，五霸不同法而霸。”（《商君书·更法》）他告诫秦孝公，欲成霸业，必须变法，这是因为：夏、商、周三个朝代的礼制各不相同，但都成就了王业；春秋五霸的法度各不相同，但也都成就了霸业。“三代不同礼而王”是从时间的维度展开分析，“五霸不同法而霸”则是从空间的维度展开分析。我们可以将前者归纳为创新（innovation），将后者归纳为权变（contingency）。在这里，权变使用的是狭义的概念，广义的权变也包括因时而变，此时，创新的内容应包括在广义的权变概念之内。创新与权变不仅是国家变法图强、发展壮大的基石，而且也是不断改善组织管理的根本。

呼吁变法是先秦法家最重要的政治主张，无论是商鞅还是韩非，在这方面都有许多精辟的论述。商鞅说："圣人苟可以强国，不法其故；苟可以利民，不循其礼。"（《商君书·更法》）意思是，圣明的人治理国家，如果可以让国家强大，就不会去沿用旧有的法度；如果可以让老百姓得到好处，就不会去遵循旧有的礼制。韩非子也说："事因于世，而备适于事。"（《韩非子·五蠹》）他强调情况因时代不同而会发生变化，而措施一定要适合当时的情况。显然，在动态变化的环境中，"不期修古，不法常可"（《韩非子·五蠹》）就成为智者的必然选择。

为劝诫君王变法，韩非子特地讲了一个"守株待兔"的寓言故事，指出试图沿用古代帝王的办法来治理当代的人民，就像守株待兔一样愚笨。由于"世异则事异"，管理者应该做到"事异而备变"（《韩非子·五蠹》）。也就是说，时代不同了，情况也就不同了；情况不同了，措施也要随之而做出改变。这也就是商鞅提倡的"世事变而行道异也。"（《商君书·开塞》）道家的主要代表人物庄子也认识到："故礼仪法度者，应时而变者也。"（《庄子·天运》）对于现代组织而言，在经济社会发展和文化环境迅速变化的情况下，管理创新也就成为必然的选择。

30多年来，正是因为中国共产党坚持实行改革开放的伟大国策，才打破了中国闭关锁国、因循守旧的落后局面，取得了举世瞩目的伟大成就，人民的生活水平不断改善。2013年3月5日，习近平强调，我国改革已经进入攻坚期和深水区，进一步深化改革，必须坚定信心、凝聚共识、统筹谋划、协同推进。要勇于冲破思想观念的障碍和利益固化的藩篱，敢于啃硬骨头，敢于涉险滩，更加尊重市场规律，更好发挥政府作用，以开放的最大优势谋求更大发展空间。

管子管理智慧六句箴言

春秋第一相——管仲

管子（即管仲的尊称）是春秋时期齐国的伟大政治家和军事家。管仲思想博大宏富，既有政治上成功的实践经验，又有理论上的系统总结。他是中国历史上唯一做过宰相并取得巨大成功的思想家。所以，他的思想，举凡政治、经济、军事、哲学、道德伦理、社会管理等方面，都有相当深刻的认识，比起那些坐而论道、高谈阔论、偏执一端的理论家，管仲的思想更少有片面性。孔子曾经赞扬管子为“仁者”，并对子路说：“桓公九合诸侯，不以兵车，管仲之力也。”（《论语·宪问》）司马迁也高度评价说：“齐桓公以霸，九合诸侯，一匡天下，管仲之谋也。”（司马迁：《史记·管晏列传》）

以管子思想为基础形成和发展的管仲学派兼容道、法、儒等诸子百家的思想，在先秦诸子中独树一帜。管子学派的重要特色是将人文精神融入法家制度，并将王道原则融入霸业发展，阐述了“以天地为心，治国以法，治人以德”的德法并重之国家管理主导思想，提出了“德有六兴，义有七体，礼有八经，法有五务，权有三度”的治国方案。这在一定程度上整合了儒法两家的优良理念，弥补了儒法两家的思想缺陷。

有学者对比指出：“儒家心太软，法家心太硬。心太软，仅仅靠谈仁说义来治国，什么问题都自己扛，都靠拍拍良心，未免太迂腐，根本靠不住，因此孔孟生前都只能到处碰钉子；心太硬，专门靠阴谋暴力来治国，未免太厚黑，秦代二世而亡，那么强大的帝国只维持了十五年，也不能不令人警醒深思。于是不能不逼出个‘阳儒阴法’，就是表面上倡导儒家那一套，暗地里还是用法家那一套。中国两千多年古代社会，统治者大都把儒家当羊头，把法家当狗肉。羊头不能不挂，狗肉不能不卖。”① 历史证明，真正成熟的治国方略是霸道王道都要，即王霸并重。而在这方面，解决得比较圆融和谐的且具有开创性的古代思想家和政治家当属管仲。因此管子学派的思想及其成功之道，非常值得当代领导者和管理者们学习借鉴。

---

① 赵士林著：《国学六法——每天都能用到的中国智慧》，江苏文艺出版社2010年版。第200页。

箴言一

凡治国之道，必先富民。民富则易治也，民贫则难治也。

【出处】

《管子·治国》①

【原文】

凡治国之道，必先富民。民富则易治也，民贫则难治也。

故治国常富，而乱国常贫。是以善为国者，必先富民，然后治之。

富而治，此王之道也。

【释义】

大凡治国的道理，一定要先使人民富裕，人民富裕就容易治理，人民贫穷就难以治理。

所以，治理得好的国家长久富裕，乱国必然导致贫穷。因此，善于主持国家的君主，一定要先使人民富裕起来，然后再加以治理。

富裕而安定，这才是成霸王之业的道径。

【解读】

治国之道在中国历代古籍中有大量的记载，其中最有名的当属春秋时期管仲的《管子·治国》与西汉时期刘向的《说苑·理政》。

研读《管子·治国》可知，治国富民是管子治国理政的根本目标，追求的效果是使诸侯都能信服，邻敌都能敬畏。今天，我们追求治国富民，就是使人民生活幸福，国家威望远播，国际地位显要，

---

① 《管子》是春秋时期（公元前770～前476）齐国政治家、思想家管仲及其管仲学派的言行事迹的汇集。《汉书·艺文志》将其列入子部道家类，《隋书·经籍志》列入法家类。《四库全书》将其列入子部法家类。清代史学家章学诚说：“《管子》，道家之言也。”据中日学者统计《管子》全书几乎各篇都有《老子》的语言片段与哲学思想。包括儒家、法家、阴阳家、名家、兵家和农家的观点，其中以黄老道家著作最多，其次法家著作，其余各家杂之，内容博大精深。所以，《管子》一书“襄为巨轶远非他书所及”。在古代的茫茫书海中，对研究、发展经济，对探讨、实施管理，没有哪一本书比得上《管子》，在今天还有那么丰富的、既有道又有术的内容可资借鉴。

就是实现中华民族伟大复兴的中国梦。

管子认为，实现治国富民的目标，最重要的是能“得人”和“以人为本”。他说：“古之圣王，所以取明名广誉，厚功大业，显于天下，不忘于后世，非得人者，未之尝闻。暴王之所以失国家，危社稷，覆宗庙，灭于天下，非失人者，未之尝闻。”“故曰：人，不可不务也，此天下之极也!”（《管子·五辅》）他强调：“夫霸王之所始也，以人为本，本理则国故，本乱则国危。”（《管子·霸言》）“务本”之道，在于“务人”，这是天下最根本的管理之道。管子说：“治之本有二：一曰人，二曰事；人欲必用，事人欲必工。人有逆顺，事有称量；人心逆则人不用，事失称量则事不工；事不工则伤，人不用则怨。故曰：‘取人以己，成事以质。’”（《管子·版法解》）应用在现代组织管理中，就是坚持以人为本，实现人与物结合、关心人与关心工作结合。

管子说：“天下者，国之本也；国者，乡之本也；乡者，家之本也；家者，人之本也；人者，身之本也；身者，治之本也”；故“欲为天下者，必重用其国；欲为其国者，必重用其民；欲为其民者，必重尽其民力。”（《管子·权修》）管子在回答齐桓公怎样使齐国称霸诸侯时指出：“齐国百姓，公之本也。”（《管子·霸形》）“政之所行，在顺民心；政之所废，在逆民心。”（《管子·牧民》）“民之利所利之，所害除之，则民人从。”（《管子·幼民》）同样，现代公共管理的治本之道就是要坚持凝聚民心、顺应民意、执政为民。

据《说苑·理政》[1]，武王问于太公曰：“治国之道若何?”太公对曰：“治国之道，爱民而已。”曰：“爱民若何?”曰：“利之而勿害，成之勿败，生之勿杀，与之勿夺，乐之勿苦，喜之勿怒，此治国之道，使民之谊也，爱之而已矣。民失其所务，则害之也；农失

---

① 《说苑》，西汉刘向撰。刘向，西汉时经学家、文学家、目录学家，曾领校秘书。本书就是他校书时根据皇家藏书和民间图籍，按类编辑的先秦至西汉的一些历史故事和传说，并夹有作者的议论，借题发挥儒家的政治思想和道德观念，带有一定的哲理性。原书二十卷，后仅存五卷，大部分已经散佚，后经宋曾巩搜辑，复为二十卷，每卷各有标目。二十卷的标目依次为：君道、臣术、建本、立节、贵德、复恩、政理、尊贤、正谏、敬慎、善说、奉使、权谋、至公、指武、谈丛、杂言、辨物、修文、反质。一般以第一则或前数则为一卷的大纲，杂引前人言论陈说本卷主旨，以下便用大量历史上的实例加以证明。

其时，则败之也；有罪者重其罚，则杀之也；重赋敛者，则夺之也；多徭役以罢民力，则苦之也；劳而扰之，则怒之也。故善为国者，爱民如父母之爱子、兄之爱弟，闻其饥寒为之哀，见其劳苦为之悲。”这段话是姜太公回答周武王关于“治国之道”的问策。他的回答是：“爱民”。怎么做？他举出了反例：让农民错过农时、赋税过重、徭役频发、劳民扰民。在农耕时代，是否按照农时耕作，是农民一年生计的决定因素；赋税和徭役的程度，也决定着人民的负担轻重。在今天，这段话对我们的启示是：给市场创造宽松的环境，让民间的创造力涌流，取消各种条框与限制，不与民争利。1990 年 5 月，习近平同志在《摆脱贫困 · 给宁德地直机关领导干部的临别赠言》中引述了其中最后一句话：“善为国者，爱民如父母之爱子、兄之爱弟，闻其饥寒为之哀，见其劳苦为之悲。”

据《说苑 · 政理》，文王问于吕望曰：“为天下若何？”对曰：“王国富民，霸国富士；仅存之国，富大夫；亡道之国，富仓府；是谓上溢而下漏。”文王曰：“善！”对曰：“宿善不祥。是日也，发其仓府，以赈鳏、寡、孤、独。”这段话记载的是，周文王问姜子牙（即姜太公）如何治理天下。姜子牙说：“要称王的国家使老百姓富裕，要称霸的国家使士富裕（周朝的士是贵族的最下层，包括文士、武士、辨士和谋士，也可说是今天的中产阶层知识分子），勉强维持生存的国家使高官贵族富裕，即将灭亡的国家只要使国库富足。”周文王听后，回答说“太好了！”姜太公接着说：“善事隔宿而不立行是不吉利的。”当日，周文王马上让人打开粮仓赈济穷人，于是百姓欢欣鼓舞，西周日益强盛。

新中国成立初期，在社会主义改造基本完成和国民经济得以初步恢复后，1956 年中共“八大”在正确分析当时存在的社会基本矛盾的基础上，提出了建设社会主义现代化的基本目标。无奈其后的反右扩大化，特别是“文革”十年动乱，严重干扰和破坏了国家经济社会发展的正常秩序，导致国民经济到了濒临崩溃的边缘。中共十一届三中全会果断地结束以阶级斗争为纲的极左指导思想，把党和国家的工作重心转移到经济建设上来，重新开启了社会主义现代化建设的新征程。1985 年 4 月 15 日，邓小平会见坦桑尼亚副总统姆维尼时谈到："贫穷不是社会主义，社会主义要消灭贫穷。不发展生产力，不提高人民的生活水平，不能说是符合社会主义要求的。"1992 年邓小平在南方谈话中明确提出了关于社会主义本质的著名论断："社会主义的本质是解放生产力，发展生产力，消灭剥削，消除两极分化，最终达到共同富裕。"正是持续推行改革开放政策 30 多年，中国才真正走上了国家富强、人民富裕的道路。因此，中共"十八大"把"富强、民主、文明、和谐"作为积极培育和践行社会主义核心价值观在国家建设层面的价值目标加以倡导。

箴言二

国有四维，一维绝则倾，二维绝则危，三维绝则覆，四维绝则灭。

【出处】

《管子·牧民》

【原文】

国有四维，一维绝则倾，二维绝则危，三维绝则覆，四维绝则灭。倾可正也，危可安也，覆可起也，灭不可复错也。何谓四维？一曰礼、二曰义、三曰廉、四曰耻。礼不踰节，义不自进。廉不蔽恶，耻不从枉。故不踰节，则上位安；不自进，则民无巧轴；不蔽恶，则行自全；不从枉，则邪事不生。

【释义】

国有四维，缺了一维，国家就倾斜；缺了两维，国家就危险；缺了三维，国家就颠覆；缺了四维，国家就会灭亡。倾斜可以扶正，危险可以挽救，倾覆可以再起，只有灭亡了，那就不可收拾了。什么是四维呢？一是礼，二是义，三是廉，四是耻。有礼，人们就不会超越应守的规范；有义，就不会妄自求进；有廉，就不会掩饰过错；有耻，就不会趋从坏人。人们不越出应守的规范，为君者的地位就安定；不妄自求进，人们就不巧谋欺诈；不掩饰过错，行为就自然端正；不趋从坏人，邪乱的事情也就不会发生了。

【解读】

“礼、义、廉、耻”是中国传统伦理的精髓。管子把这四种德性比作维系国家的四根钢绳，将其提升到治国安邦的高度，认为“四维不张，国乃灭亡。”（《管子·牧民》）就是说，如果礼义廉耻不能得到推行，国家就会灭亡。

管子说：“凡有地牧民者，务在四时，守在仓廪。国多财则远者来，地辟举则民留处。仓廪实而知礼节，衣食足则知荣辱。”（《管子·牧民》）管子认为，人们之所以不道德，不只是失教之故，而是物质匮乏所致。因此，要想蓄之以道，养之以德，必先富之。只有仓廪充实，人们才知礼节；衣食无忧，人们才知荣辱。管子以治国富民作为目标，强调没有一定的物质生活基础，就不可能有良好的道德风尚，把解决人们物质生活的需要提高到德治的层面上来。这在中国古代管理思想史上相对于道家倡导“无为”之道治和儒家强调个人修身之德治来说是一个重大突破，体现了“义利并重”的价值观念。今天，我们搞社会主义现代化建设，不但要建设高度发达的精神文明，更要建设高度发达的物质文明。

每个时代都有每个时代的精神，每个时代都有每个时代的价值观念。2014 年 5 月 4 日，习近平在北京大学师生座谈会上的讲话中引用《管子》的话说道，国有四维，礼义廉耻，“四维不张，国乃灭亡。”这是中国先人对当时核心价值观的认识。在当代中国，中国提出要倡导富强、民主、文明、和谐，倡导自由、平等、公正、法治，倡导爱国、敬业、诚信、友善，积极培育和践行社会主义核心价值观。富强、民主、文明、和谐是国家层面的价值要求，自由、平等、公正、法治是社会层面的价值要求，爱国、敬业、诚信、友善是公民层面的价值要求。这个概括，实际上回答了我们要建设什么样的国家、建设什么样的社会、培育什么样的公民的重大问题。

管子非常重视职业道德建设。他说：“民知礼矣而未知务，然后布法以任力。任力有五务。五务者何？曰君择臣而任官，大夫任官辨事，官长任事守职，士修身功材，庶人耕农树艺。君择臣而任官则事不烦乱，大夫任官辨事则举措时，官长任事守职则动作和，士修身功材则贤良发，庶人耕农树艺则财用足。”（《管子·五辅》）管子认为，颁布法令的目的在于发挥各类人才的积极性，“任力”就是任用人才和使用劳动力，其实质是强调各种人才和劳力都要忠于职守，依法专心致志去“务”好本职工作。

管子学派的重要特色是将人文精神融入法家制度，并将王道原则融入霸业发展，阐述了“以天地为心，治国以法，治人以德”的德法并重之国家管理主导思想。管子在强调德治的同时，提出了“治国使众莫如法，禁淫止暴莫如刑。威不两措，政不二门。以法治国，则举措而已”（《管子·明法解》）的理念。这在一定程度上整合了儒法两家的优良理念，弥补了儒法两家的思想缺陷。这对我们今天坚持依法治国与以德治国相结合具有重要的借鉴意义。

管子说："凡众者，爱之则亲，利之则至。是故明君设利以致之，明爱以亲之。徒利而不爱，则众至而不亲；徒爱而不利，则众亲而不至。爱施俱行，则说君臣、说朋友、说兄弟、说父子。爱施所设，四固不能守。故曰：'说在爱施。'"（《管子·版法解》）爱，即仁爱，施，即给予好处和恩惠。管子强调，凡是民众，对他们爱护，他们就亲近；为他们谋利益，他们就归附。因此，明君实行福利措施来招引他们，表明爱护之意来亲近他们。只谋利而不爱护，民众就归附而不亲近；只爱护而不谋利，民众就亲近而不肯归附。爱与利兼而行之，那就君臣喜悦，朋友喜悦，兄弟喜悦，父子喜悦了。爱、利兼行的结果，在战时，敌国的四境虽固都不能据守。所以说："悦众在爱施。""爱施俱行"是古今管理者让人归附且亲近的基本手段。当然，在具体实施中应注意把握好爱、利之度，充分发挥其互补作用。

箴言三

心之在体，君之位也。九窍有职，官之分也。心处其道，九窍循理。

【出处】

《管子·心术上》

【原文】

心之在体，君之位也。九窍之有职，官之分也。心处其道，九窍循理；嗜欲充益，目不见色，耳不闻声。故曰：上离其道，下失其事，毋代马走，使尽其力；毋代鸟飞，使弊其羽翼。毋先物动，以观其则；动则失位，静乃自得。

【释义】

心在人体，处于君的地位；九窍各有功能，有如百官各有职务。心的活动合于正道，九窍就能按常规工作；心充满了嗜欲，眼就看不见颜色，耳就听不到声音。所以说：在上位的脱离了正道，居下位的就荒怠职事。不要代替马去跑，让它自尽其力；不要代替鸟去飞，让它充分使用其羽翼。不要先物而动，以观察事物的运动规律。动则失掉为君的地位，静就可以自然地掌握事物运动规律了。

【解读】

管子比较系统地提出了为政者正确把握管理规律应注意的几项基本原则。

一是“心处其道，九窍循理”。管子认为，社会是一个与人体相似的有机体组织，支配人体独立运转的是“心”，而支配社会有机体运转的则是“道”，即规则、规律。人体的心脏，犹如国君的位置。人体九窍的职能，犹如百官的职位。只有心脏运行正常，人体九窍才能跟着正常运转。否则，就会背离常道，导致职责不清、秩序混乱、管理失控。在现代组织管理中，虽然领导者处于核心位置，发挥着主导作用。但主导不是独断专行、事无巨细，更不是代行下级部门或人员的职能，而是要完善管理体制，明确管理层次及幅度，各安其职、各负其责，充分发挥各个层面的积极性和创造性。

二是坚持“为政以正”。管子说：“政者，正也。正也者，所以正定万物之命也。是故圣人精德立中以生正，明正以治国。故正者，所以止过而逮不及也。过与不及也，皆非正也。”（《管子·法法》）管子所强调的“正”包含四层含义：“正”是用来测定万物的标准，是为政的尺度；“正”的本质代表不偏不倚，即公正，正义；“正”是一种“中道”，是用来制止过分而补救不足的（过分或不足，都不是正）；言行要“正”（言而无信，行而不实，都是不中正的表现）。为政者治理社会的核心职能就是要坚持社会公正、促进社会公平。

三是处理好“上之道”与“下之事”。管子说：“论材、量能、谋德而举之，上之道也；专意一心，守职而不劳，下之事也。为人君者，下及官中之事，则有司不任；为人臣者，上共专於上，则人主失威。是故，有道之君，正其德以莅民，而不言智能聪明；智能聪明者，下之职也，所以用智能聪明者，上之道也。上之人，明其道。下之人，守其职，上下之分不同任，而复合为一体。是故，知善，人君也。身善，人役也。”（《管子·君臣上》）从管理者与被管理者的职责分工看，“上之道”是指管理者应将其主要精力放在创新决策、思考谋划以及人才的遴选上。处事要能做到“举轻若重”、“高屋建瓴”。若事无巨细，主次不分，职责不明，不仅浪费精力，还会干预下级事务，使人无所适从。而专一做事、勤劳实干则是下面人的事，即“下之事”。立足岗位各负其责、各尽其力，才是管理正道。

箴言四
一年之计，莫如树谷；十年之计，莫如树木；百年之计，莫如树人。

【出处】

《管子·权修》

【原文】

一年之计，莫如树谷；十年之计，莫如树木；百年之计，莫如树人。一树一获者，谷也；一树十获者，木也；一树百获者，人也。我苟种之，如神用之；举事如神，唯王之门。

【释义】

要作一年的打算，最好是种植五谷；要作十年的打算，最好是种植树木；而要作终身的打算，最好是培育人才。种谷，是一种一收；种树，是一种十收；培育人才，则是一种百收的事情。如果我们注重培养人才，其效用将是神奇的；而如此举事收得神效的，只有王者之门才能够做到。

【解读】

在管子的治国理政思想及实践中，十分重视开发人力资源，提出了许多可供今人借鉴的智慧。

一是重视培养和选拔人才。管子提出的“十年树木，百年树人”这句至理名言，充分体现了中国古代管理思想家的深谋远虑和高瞻远瞩。培养人才虽然需要很长的时间，但是从长远利益来看，从中得到的益处是无法估算的。因为，人才的培养对于治理国家有着重要的意义。管子指出：“是以为人君者，坐万物之原，而官诸生之职者也。选贤论材，而待之以法。举而得其人，坐而收其福，不可胜收也。官不胜任，奔走而奉其败事，不可胜救也。而国未尝乏于胜任之士，上之明适不足以知之。是以明君审知胜任之臣者也。故曰：主道得，贤材遂，百姓治。治乱在主而已矣。”（《管子·君臣上》）意思是：做君主的，是掌握万事的原则，授予众人职事的人。选拔贤良，评选人才，并且要依照法度来对待使用他们。如果举用人材正确得当，就可以坐而治国，好处是不可尽收的。如果官吏不能胜任，即使奔走从事，他们所败坏的事情，也是很难补救的。国家并不缺乏能够胜任的人才。只是君主的明察还不能够知道他们。所以，英明的君主，总是认真查访胜任的人臣的。所以说，君道正确，则贤才得用，百姓得治，国家治乱只在乎君主而已。

二是“敬而待之，爱而使之”。“均之始也，政与教孰急？管子曰：夫政教相似而殊方。若夫教者，標然若秋云之远，动人心之悲；蔼然若夏之静云，乃及人之体；月鸟（当作“窎 diào”）然若皜月之静，动人意以怨；荡荡若流水，使人思之，人所生往。教之始也，身必备之，辟之若秋云之始见，贤者不肖者化焉。敬而待之，爱而使之，若樊神山祭之。贤者少，不肖者多，使其贤，不肖恶得不化？今夫政则少别，若夫威形之征者也。去，则少可使人乎？”（《管子·侈靡》）管子认为政令与教化是管理国家、培育人才的重要措施，二者作用相似，但方法和效果不同，因而可以互补。教化是改造人类本性的工作。它高远犹似秋云那么纯洁，拨动人们心扉；它阴凉犹似夏云那么安谧，浸润人们身心；它深邃犹似皓月那么寂静，激发人们哀怨；它博大浩荡犹似江河流水，使人深思又令人神往。教化的开始，必须是在上者以身作则，就如同秋云在上空出现，无论贤者、不肖者都同时感化。严肃地对待人们，挚爱地使用人们，就像在神山上筑起篱笆祭神的气氛一样，贤人虽少，不肖者虽多，但教化使人转贤，不肖者怎么能不变化呢？至于政令，则与此稍有不同。它是以强力和刑罚为其特征的。没有这点，政令对人们还能略加驱使么？

三是“审时察用而备官”。管子倡导以能力为本的用人原则，认为担任国君必须具备审时、察用和备官三项能力，即“审于时而察于用，而能备官者，可奉以为君也”（《管子·牧民》）。这些能力条件对于今天党和政府选拔任用领导干部同样适用。审时，要求领导干部人选必须对国内外政治、经济、法治、文化、科技等领域发展趋势有广泛而深刻的了解，善于审时度势，及时做出正确的决策。察用，要求其善于理财、用财，活用一切人、财、物，使之人尽其才，财尽其力，物尽其用。备官，要求其具备知才、识才、育才和用才的能力。

对于如何知才、识才和选才、用才，管子提出了以下原则：一是坚持德才兼备的选贤任能原则："其选贤遂才也，举德以就列，不类无德；举能以就官，不类无能；以德弇劳，不以伤年。如此，则上无困，而民不幸生矣。"（《管子·君臣下》）强调君主在选拔贤材的时候，要举拔有德行的人进入爵位的行列，不可以包括无德之人；要举拔有才能的人担任适当的官职，不可以包括无能之辈。把德行放在功劳之上，不因为资历年限而加以抑制。这样，君主就没有困难，而人民也不会寻求侥幸了。二是遵循选贤任能和察能授官的用人路线："明王之务，在于……论贤人，用有能。"（《管子·五辅》）"地之不辟者，非吾地也；民之不牧者，非吾民也。凡牧民者，以其所积者食之，不可不审也。其积多者其食多，其积寡者其食寡，无积者不食。或有积而不食者，则民离上；有积多而食寡者，则民不力；有积寡而食多者，则民多诈；有无积而徒食者，则民偷幸；故离上、不力、多诈、偷幸，举事不成，应敌不用。故曰：察能授官，班禄赐予，使民之机也。"（《管子·权修》）意思是：有土地而不开辟，等于不是自己的土地；有人民而不治理，等于不是自己的人民。凡是治理人民，对于按劳绩给予禄赏的问题，不可不审慎从事。劳绩多的禄赏多，劳绩少的禄赏少，没有劳绩的就不给予禄赏。如果有劳绩而没有禄赏，人们就离心离德；劳绩多而禄赏少，人们就不努力工作；劳绩少而禄赏多，人们就弄虚作假；无劳绩而空得禄赏，人们就贪图侥幸。凡是离心离德、工作不力、弄虚作假、贪图侥幸的，举办大事不会成功，对敌作战也不会尽力。所以说，根据人的能力授予官职，按照劳绩差别赐予禄赏，这是用人的关键。三是"选天下之豪杰，致天下之精材，来天下之良工"（《管子·小问》）。四是"使智者尽其智，谋士尽其谋，百工尽其巧”（《管子·山至数》）。五是选用贤德正直之人。管仲曾进言齐桓公：用人与为马厩编马栏的道理相似，就看用人者先引进贤者或正直的人（即“直木”）还是无德无能或不正直的人（即“曲木”）。“先傅直木，直木又求直木，直木已傅，曲木亦无所施矣”（《管子·小问》）；反之亦然。英明的管理者就不应当让“曲木”进来。

箴言五

不慕古，不留今，与时变，与俗化。

【出处】

《管子·正世》

【原文】

其位齐也，不慕古，不留今，与时变，与俗化。

【释义】

管仲在齐国为相施政，不迷信古代，也不拘泥于今天，而是随着时势和国人风气的发展而变化的。

【解读】

求变与守旧总是格格不入的一对矛盾，这两种观念的碰撞在历史上曾产生过许多火花。先秦时期的《易经》以及法家都倡导革新、进取、求变的精神。管子作为具有革新精神的典型代表非常强调管理者的创新精神。管仲学派兼容道、法、儒等诸子百家之思想，集众所长，在先秦诸子中独树一帜的历史事实，已经充分体现了该学派的开放精神和创新精神，其所具有的能够贯通古今的强大思想生命力也正在于此。

“其位齐也，不慕古，不留今，与时变，与俗化。”（《管子·正世》）正是对管子创新决策思想的高度概括。“不慕古”反对的是因循守旧、抱残守缺的价值观和行为方式；“不留今”是提示人们不要为现实所惑，陶醉于今日的成就之中；“与时变”，倡导的是因时而变、顺应潮流；“与俗化”，即要求随着习俗一起发展。管仲进行改革所遵循的基本原则是“与俗同好恶”：“俗之所欲，因而予之；俗之所否，因而去之。”（《国语·齐语》）所谓“俗”，是指民间自然形成的事物，而非因循守旧制度之规定，这其实就是一种制度创新。同样，在现代组织管理中，作为领导者在决策中也应做到不为传统所羁绊，不为现实所困惑，不断突破自我，实现创新发展。

管子说：“事者生于虑，成于务，失于傲。不虑则不生，不务则不成，不傲则不失。”（《管子·乘马》）意思是：事情产生于谋虑，成功于追求，失败于骄傲。不谋虑事情就不能生成，不追求就不能成功，不骄傲就不会失败。短短几句话包含了深刻的哲理。对于现代领导者而言，对事业要不断追求，创新发展永无止境。

管子说：“圣人能辅时，不能违时。智者善谋，不如当时。精时者，日少而功多。夫谋无主则困，事无备则废。是以圣王务具其备，而慎守其时。以备待时，以时兴事，时至而举兵。”（《管子·霸言》）意思是，圣人要顺应时机，而不能违背时机。智者善于谋划，也不如恰逢时机。精于把握时机的人费力虽少而成果很大。谋划没有主意就会陷于困境，办事没有准备就是会失败。所以圣王举事务必做好准备，而慎守时机。用充分的准备去等待时机，用有利的时机兴举事业，时机一到就举事兴兵。

善于把握时机是管理者决策、行动的重要因素。管子的上述观点很好地论证了把握时机的重要性，其要旨在于以下几个方面：一是“智者善谋，不如当时”。谋划固然重要，但不如把握时机。无论是圣人还是现代管理者，断然不能违背时机。二是“精时者，日少而功多”。掌握时机者可以得到事半功倍的效果，这体现了抓住时机的效益性。三是“谋无主则困，事无备则废”。时机只垂青于有准备之人，凡举事务必做好准备，只有做好充分的准备才能抓住时机。四是“以时兴事，时至而举兵”。等待有利的时机兴举事业，时机一到，要果断决策，立即行动。正所谓“机不可失，时不我待”。

箴言六

德当其位，功当其禄，能当其官。

【出处】

《管子·立政》

【原文】

治国有三本。

君之所审者三：一曰：德不当其位；二曰：功不当其禄；三曰：能不当其官。此三本者，治乱之原也。故国有德义未明於朝者，则不可加於尊位；功力未见於国者，则不可授与重禄；临事不信於民者，则不可使任大官。故德厚而位卑者，谓之过；德薄而位尊者，谓之失。宁过於君子，而毋失於小人。过於君子，其为怨浅；失於小人，其为祸深。是故，国有德义未明於朝而处尊位者，则良臣不进；有功力未见於国而有重禄者，则劳臣不劝；有临事不信於民而任大官者，则材臣不用。三本者审，则下不敢求；三本者不审，则邪臣上通，而便辟制威。如此，则明塞於上，而治壅於下，正道捐弃，而邪事日长。三本者审，则便辟无威於国，道涂无行禽，疏远无蔽狱，孤寡无隐治。故曰：刑省治寡，朝不合众。

【释义】

治理国家有“三本”。

君主需要审查的问题有三个：一是大臣的品德与地位不相称；二是大臣的功劳与俸禄不相称；三是大臣的能力与官职不相称。这三个根本问题是国家治乱的根源。所以。在一个国家里，对于德义没有显著于朝廷的人，不可授予尊高的爵位；对于功业没有表现于全国的人，不可给予优厚的俸禄；对于主事没有取信于人民的人，就不能让他做大官。所以德行深厚而授爵低微，叫作“有过”；德行浅薄而授爵尊高，叫作“有失”。宁可有过于君子，而不可有失于小人。因为，有过于君子，带来的怨恨浅；有失于小人，带来的祸乱深。因此，在一个国家里，如果有德义不显于朝廷而身居高位的人，贤良的大臣就得不到进用；如果有功劳不著于全国而享有重禄的人，勤奋的大臣就得不到鼓励；如果有主事并未取信于人民而做了大官的人，有才能的大臣就不会出力。只有把这三个根本问题审查清楚了，臣下才不敢妄求官禄。如果对这三个根本问题不加审查，奸臣就会与君主接近，君侧小臣就会专权。这样，在上面君主耳目闭塞，在下面政令不通，正道被抛弃，坏事就要一天天地多起来。而若审查好这三个根本问题，君主左右那些受宠的小臣就不会专权，道路上看不到在押的犯人，与官方疏远的人们不受冤狱之害，孤寡无亲的人们，也都没有不白之冤了。这就叫作：刑罚减少，政务精简，甚至朝廷都无需召集群臣议事了。

【解读】

管子不仅强调决策要权衡轻重，而且十分重视管理绩效考评。

一是强调“权不可不度”。“度”即权衡，度量，测评。管子曰：“民知务矣，而未知权，然后考三度以动之；所谓三度者何？曰：上度之天祥，下度之地宜，中度之人顺，此所谓三度。故曰：天时不祥，则有水旱；地道不宜，则有饥馑；人道不顺，则有祸乱；此三者之来也，政召之。曰：审时以举事，以事动民，以民动国，以国动天下。天下动，然后功名可成也，故民必知权然后举错得。举错得则民和辑，民和辑则功名立矣，故曰：权不可不度也。”（《管子·五辅》）管子所谓“权有三度”意指对于人君所执掌的权力行使好坏应从三个方面进行监督、考察和测评，即上观天时是否调和，下观地利是否合宜，中观人际关系是否和顺。天时不调和就会有水旱之灾；地利不宜就会有饥荒之患；人际关系不和顺就会有祸乱为害。而这三种灾荒祸乱的出现，都与政治举措和管理失当有着密切联系。诚如荀子所言：“上不失天时，下不失地利，中得人和，而百事不废。”（《荀子·王霸》）现代组织管理也是如此。

二是“治国三本，治乱之源”。管子说：“治国有三本”，“君之所审者三：一曰德不当其位，二曰功不当其禄，三曰能不当其官。此三本者，治乱之源也。”（《管子·立政》）对官员的考评内容主要有三：一是大臣的德望与其地位是否相称；二是大臣的攻绩与其俸禄是否相称；三是大臣的能力与其官职是否相称。这充分体现了绩效考评标准中德、能、勤、绩、禄的有机统一。包含着多劳多得、奖勤罚懒、高薪养廉的思想意味。在现代加强党风廉政建设、严惩腐败犯罪的形势下，对领导干部队伍的管理更要注意这三个方面。

三是“有功必赏，有罪必诛”。管子说：“言是而不能立，言非而不能废；有功而不能赏，有罪而不能诛，若是而能治民者，未之有也。是必立，非必废，有功必赏，有罪必诛。”（《管子·七法》）在管子的治国理念中，讲究赏罚诚信占有极其重要的地位。他认为“君之所以为君者，赏罚以为君”（《管子·君臣下》）。为君者必以赏罚廉明而立信，如果国君对正确的言论不予采纳，错误的言论不予拒斥，有功之人不予奖赏，有罪之人不予诛罚，以此而能治民者，是万万没有的事。要治民，就要做到赏罚诚信，有功必赏，有罪必诛。赏罚并用，也就是现代管理中的“胡萝卜加大棒”。在现代管理中具体运用赏罚手段时，应做到论功行赏，赏罚分明。同时要注重奖励的多元化与及时性。特别要把握好赏罚之度。

兵家管理智慧六句箴言

中国古代兵圣、东方兵学鼻祖——孙武

中国兵学，贯穿中华民族几千年文明史，像儒学、道学、墨学及其他诸子学说一样，是中华文化的一个重要组成部分。有人曾把中华文化概括为“兵、医、农、艺”，兵列榜首，这可能是为了说明中国是一个兵学思想发源较早而又著述颇丰的国度。从某种特定的视角看，也不无道理。中国古代的兵书，特别是以《孙子兵法》为核心的若干经典兵书，同其他先秦诸子的学术著作一样，表现了中华文化的特有品质。其中所蕴涵的军事管理思想是中国传统管理智慧的一朵奇葩。中国古代的兵家管理思想，诸如决策思想、权变思想、谋略思想、将才思想、指挥艺术、治军方法等，对于改善现代管理仍深具学习和借鉴价值。

孙武（约公元前545年—公元前470年），字长卿，中国春秋时期著名的军事家、政治家。孙武原为齐国乐安人，后由齐至吴，经吴国重臣伍员举荐，向吴王阖闾进呈所著兵法十三篇，受到重用为将。他曾率领吴国军队大败楚国军队，占领楚国都城郢城，几近覆亡楚国。

春秋战国时期先后出现了多部兵书，其中孙武所著《孙子兵法》（十三篇，六千字），位列兵法之冠，最具价值，为后世兵法家所推崇，被誉为“兵学圣典”、“百代谈兵之祖”，置于《武经七书》之首。孙武被后人尊称为兵圣、百世兵家之师、东方兵学的鼻祖。《孙子兵法》在中国乃至世界军事史、军事学术史和哲学思想史上都占有极为重要的地位，并在政治、经济、军事、文化、哲学等领域被广泛运用，先后被译为英、法、德、日等几十种文字，成为国际间最著名的兵学典范之书。这部名著不仅跨越了国界，而且超越了时空，让许许多多著名的国外战略家陶醉沉迷于博大精深的中国传统战略文化之中。正如英国空军元帅约翰·斯莱瑟在《中国的军事箴言》一文中所言：“孙子的引人入胜的地方是他的思想多么惊人的‘时新’——把一些词句稍加变换，他的箴言就像是昨天刚写出来的。”

箴言一

百战百胜，非善之善也；不战而屈人之兵，善之善者也。

【出处】

《孙子兵法·谋攻篇》①

【原文】

夫用兵之法，全国为上，破国次之；全军为上，破军次之；全旅为上，破旅次之；全卒为上，破卒次之；全伍为上，破伍次之。

是故百战百胜，非善之善也；不战而屈人之兵，善之善者也。故上兵伐谋，其次伐交，其次伐兵，其下攻城。攻城之法，为不得已。

【释义】

孙子说：战争的原则是：使敌人举国降服是上策，用武力击破敌国就次一等；使敌人全军降服是上策，击败敌军就次一等；使敌人全旅降服是上策，击破敌旅就次一等；使敌人全卒降服是上策，击破敌卒就次一等；使敌人全伍降服是上策，击破敌伍就次一等。

所以，百战百胜，算不上是最高明的；不通过交战就降服全体敌人，才是最高明的。所以，上等的军事行动是用谋略挫败敌方的战略意图或战争行为，其次就是用外交战胜敌人，再次是用武力击败敌军，最下之策是攻打敌人的城池。攻城，是不得已而为之，是没有办法的办法。

---

① 《孙子兵法》又称《孙武兵法》、《吴孙子兵法》、《孙子兵书》、《孙武兵书》等，春秋时齐国人、吴国将军孙武著，是中国现存最早的兵书，也是世界上最早的军事著作。《汉书·艺文志》记载："兵权谋家吴孙子兵法八十二篇，图九卷"。八十二篇中的十三篇著于见吴王前；见吴王后又着问答多篇。晚至唐代，流传的孙子兵法共三卷，其中十三篇为上卷，还有中下二卷。注家杜牧认为，曹操将八十二篇孙子兵法删节为十三篇；但其他注家认为十三篇出自孙子本人，不是曹操删节的结果，是由孙武草创，后经其弟子整理成书。《孙子兵法》被奉为兵家经典，诞生至今已有2500多年历史，历代都有研究。唐太宗李世民说："观诸兵书，无出孙武"。

【解读】

《孙子兵法》作为揭示竞争规律的战略巨著，放射着引导人们走出战略竞争迷宫的“理性之光”。这种“理性之光”，通过一系列“以智克力”、“以柔克刚”、“不战而胜”等深刻的战略理念展示出来，通过蕴涵在其中的“以德服人”、“天人合一”等深刻的哲学理念展示出来。《孙子兵法》的所有篇目几乎都是围绕如何“求胜”、而且是追求“不战而屈人之兵”之“完胜”目标而展开的。不用通过战争的手段，就使别的国家放下武器，停止战争，这是战争的最高境界。孙武由此被誉为世界历史上最伟大的军事战略家。、

“不战而屈人之兵”是一套完整的系统的战略理论。从实际的条件而言，要有强大的综合国力；从实际的力量而言，敌我力量对比的话，我军在数量上要多于敌军；从实行的手段而言，一是伐谋，一是伐交；从实行的范围而言，既适用于孙子当时的春秋末年的诸侯国与城池，也适用于当今世界；从实行的目的而言，孙子强调的是“全胜”，即“必以全策争于天下”。“安国全军之道”是孙子所认为的至高无上的战略原则。第一，以“威加于敌”作为达到目标的心理战术。《九地篇》：“威加于敌，故其城可拔。”由此可见，“不战而屈人之兵”是以心理学上的威慑，使敌人在心理上产生畏惧作为基础的。第二，以优势的实力和充分的迎战准备作为全胜的物质基础。《形篇》：“昔之善战者，先为不可胜，以待敌之可胜。”从前善于打仗的人，先创造自己不可战胜的条件，并等待可以战胜敌人的机会。《九变篇》：“故用兵之法，无恃其不来，恃吾有以待也；无恃其不攻，恃吾有所不可攻也。”所以备御外敌的法则，不要把希望放在敌人不会来犯的可能上，而要我们做好准备足以备御才是可靠的；也不要把希望放在敌人不会发动进攻的可能上来，而要我们充分做好防御，使敌人无隙可乘才是可靠的。这一点是我方全胜的物质基础，首先要使自己不被敌人战胜，才有可能去“屈人之兵”。要有强大的军事实力待之，才有可能实施“不战而屈人之兵”的全胜战略。第三，以非军事手段的“伐谋”、“伐交”作为达到全胜的有效手段。“不战而屈人之兵”的“不战”，指的是军事斗争的不战，而在军事以外的领域里则可达到激战的程度。其中最为激烈的

当属外交了，外交为军政之眼目，军政为外交之后盾，外交详审，军政修明则可全胜。这里的“谋”、“交”即为达成全胜目标的各种手段，也是“知彼”的各种方法，是综合敌我双方进行全面比较的手段。第四，以周全的“修道保法”措施作为达到全胜目标的可靠保证。《形篇》：“善用兵者，修道而保法，故能为胜败之敌。”善于用兵的人，既修明治道又确保法纪，所以才能作出制胜的策略。

在古今军事领域，无论是士卒、将军，还是军事理论家，大多认为战争的目的就是消灭敌人、保存自己。所谓消灭敌人，主要是运用武器、使用武力等硬实力手段去征服。而作为中国古代大军事家的孙武却提出了运用“伐谋”“伐交”等软实力手段实现“不战而屈人之兵”之“完胜”的战略思想及目标。这种看似不符合常规军事思维和战争本质的思想观点，无疑是古往今来最高明的军事战略，蕴涵着极为丰富而深刻的军事辩证法。

箴言二
知己知彼，百战不殆；不知彼不知己，每战必殆。

【出处】

《孙子兵法·谋攻篇》

【原文】

故知胜有五：知可以战与不可以战者胜，识众寡之用者胜，上下同欲者胜，以虞待不虞者胜，将能而君不御者胜。此五者，知胜之道也。故曰：知彼知己，百战不殆；不知彼而知己，一胜一负；不知彼不知己，每战必殆。

【释义】

所以，预见胜利有五个方面：能准确判断仗能打或不能打的，胜；知道根据敌我双方兵力的多少采取对策者，胜；全国上下，全军上下，意愿一致、同心协力的，胜；以有充分准备来对付毫无准备的，胜；主将精通军事、精于权变，君主又不加干预的，胜。以上就是预见胜利的方法。所以说：了解敌方也了解自己，每一次战斗都不会有危险；不了解对方但了解自己，胜负的概率各半；既不了解对方又不了解自己，每战必败。

【解读】

孙子指出："知己知彼，百战不殆；不知彼而知己，一胜一负；不知彼不知己，每战必殆。"（《孙子兵法·谋攻篇》）"知己知彼，胜乃不殆；知天知地，胜乃可全。"（《孙子兵法·地形篇》）其中，"殆"指的是危险，"全"指的是保全。也就是说，"知己知彼"、"知天知地"是奠定战争胜利的基础。

"知己知彼，百战不殆"是孙子兵法最光辉的军事思想，同时他提倡的谋略也是建立在了解敌我双方力量的基础上的，因此我们认为它始终贯穿于《孙子兵法》之中。何谓"知己"，知胜有五，对自身条件的严格审查和分析，这样才能做好客观的分析，才能知道我方的军事优势何在，以此进行谋略和战术安排。何谓"知彼"，知彼即对敌方的力量能进行深入的了解，分析敌人的优势和劣势，以做到避强击弱，因敌谋略，采取不同的应战方案。所谓“知己知彼”即为了“运筹于帷幄之中”，以“决胜于千里之外”。

孙子强调战争的“先知”原则，他认为：“故明君贤将，所以动而胜人，成功出于众者，先知也。”（《孙子兵法·用间篇》）明君贤将一出兵就能够战胜敌人，功业超越众人，就在于他们能够设法预先掌握各种有用的信息。毛泽东在《论持久战》中指出：“战争不是神物，仍是世间的一种必然运动，因此，孙子的规律，‘知己知彼，百战不殆’，仍是科学的真理。”科学的真理是不朽的。“知己知彼，百战不殆”，不仅适用于军事战争，而且可以广泛运用于政治、经济、文化、外交领域的竞争与合作之中。

企业管理也是如此。“知己知彼，百战不殆”就类似于管理学中的 SWOT 理论（SWOT 是 Strengths - Weaknesses - Opportunities - Threats 的缩写，指企业根据自身状况与外部环境的对比分析，以甄别出企业可能面临的机遇与挑战，进而为决策者提供可供选择的战略方案）。企业的决策者要想在竞争中获胜，并保持长盛不衰，无非是做到“知己知彼”而已。商业竞争激烈，企业之间竞争讲究对实际情况进行详细、准确、全面、深入的了解，以进行周密严谨的分析，做出切合企业实际情况的战略和应对措施，以获得竞争的胜利。企业活动中，市场需要进行商业调查报告，对消费者进行竞争双方产品使用情况的调查，对企业自身环境先知，对竞争对手产品的详细信息先知，那么就可以进行严密的“庙算”，战略也便会取得成功。在管理学领域，不乏这种真理式的论断，但能把相关的论断转化为可操作性方案的却不多见。特别是在现代信息社会条件下，更是需要学会运用大数据技术提高“知己知彼”的效率及质量。所以，人人都知道战略的重要性，都懂得“上兵伐谋”，但一碰到实际，往往只能达到“伐兵”、“攻城”的水平。

箴言三

非利不动，非得不用，非危不战；合于利而动，不合于利而止。

【出处】

《孙子兵法·火攻篇》《孙子兵法·九地篇》

【原文】

夫战胜攻取，而不惰其功者，凶，命曰“费留”。故曰：明主虑之，良将惰之，非利不动，非得不用，非危不战。主不可以怒而兴师，将不可以愠而攻战。合于利而动，不合于利而止。怒可以复喜，愠可以复说，亡国不可以复存，死者不可以复生。故明主慎之，良将警之。此安国全军之道也。

古之善用兵者，能使敌人前后不相及，众寡不相恃，贵贱不相救，上下不相收，卒离而不集，兵合而不齐。合于利而动，不合于利而止。

【释义】

凡打了胜仗，攻取了土地城邑，而不能巩固战果的，会很危险，这种情况叫做“费留”。所以说，明智的国君要慎重地考虑这个问题，贤良的将帅要严肃地对待这个问题。没有好处不要行动，没有取胜的把握不能用兵，不到危急关头不要开战。国君不可因一时愤怒而发动战争，将帅不可因一时的气愤而出阵求战。符合国家利益才用兵，不符合国家利益就停止。愤怒还可以重新变为欢喜，气愤也可以重新转为高兴，但是国家灭亡了就不能复存，人死了也不能再生。所以，对待战争，明智的国君应该慎重，贤良的将帅应该警惕，这是安定国家和保全军队的基本道理。

从前善于指挥作战的人，能使敌人前后部队无法相互策应，主力和小部队不能相互依靠，官兵之间不能相互救援，上下相互不能照应，士卒分散难以集中，交战阵形混乱不齐。对我有利就打，对我不利就停止行动。

【解读】

“合于利而动，不合于利而止”是孙子在《九地篇》中提出的用兵作战的指导原则。《孙子兵法·计篇》说：“兵者，国之大事，生死之地，存亡之道，不可不察也。”孙子认识到，利益冲突是战争的根源。基于这种认识，他把战争分为“合于利”与“不合于利”两种，并据此决定是否发动战争，是否实施军事行动。他认为，使国家安定、军队保全的根本原则就在于：“合于利而动，不合于利而止。”（《孙子·火攻篇》）对国家有利的就行动，对国家不利的就停止。明主与良将，若要用兵，必须判断正确，针对局面非常危险，或者本身利大于弊、得大于失时才能采取行动。否则人力、物力都会白费。没有取胜的把握就不要用兵打仗，不到危急紧迫的时候就不要出兵交战。从正反评估、对比分析后，才能决定是否采取行动。

这种预先精确评估的功夫，正是孙子所说的“先为不可胜”的准备功夫。唯有如此，才能算是“善战者”。他说：“昔之善战者，先为不可胜，以待敌之可胜。不可胜在己，可胜在敌。故善战者，能为不可胜，不能使敌必可胜。故曰：胜可知，而不可为。”（《孙子·形篇》）意思是，以前善于用兵作战的人，总是首先创造自己不可战胜的条件，并等待可以战胜敌人的机会。使自己不被战胜，其主动权掌握在自己手中；敌人能否被战胜，在于敌人是否给我们以可乘之机。所以，善于作战的人只能使自己不被战胜，而不能使敌人一定会被我军战胜。所以说，胜利可以预见，却不能强求。

两军交战不能不言利，唯利而动是对战争目的及指导原则的集中概括。孙子十三篇，几乎篇篇讲利。“利”在《孙子兵法》中出现达51次之多，并且具有广泛的内容。归纳起来包括这样三个方面：一是指国家的政治利益；二是指经济利益；三是指军事上的有利地形。孙子把“利战”的思想贯彻到战争的整个过程之中，因为战争的出发点就是要保护本国民众的利益，只有民众和部属得以保全，才符合国家和君主的根本利益。《始计篇》中有：“计利以听，乃为之势，以佐其外。势者，因利而制权。”强调灵活用兵要凭借战场上有利条件。《作战篇》中有：“故不尽知用兵之害者，则不能尽知用兵之利也。”强调利与害是对立统一的，知晓用兵之害，才能最大限度地发掘和利用用兵之利。《九变篇》中进一步重申“智者之虑必杂于利害”，指出将帅用兵只有兼顾到利与害两个方面，才能趋利避害，争取主动。《地形篇》中强调将帅的进退去留要以国家和君主利益为重，公而忘私，所谓“进不求名，退不避罪，唯民是保，而利于主，国之宝也。”《军事篇》中总结道：“兵以诈立，以利动”。可见，孙子“合于利而动”的原则，在其兵法中占有举足轻重的地位。

“合于利而动，不合于利而止”的谋略，首先强调将帅用兵作战，采用战术，制定方针，谋划战略要以现实的利害为依据。“见利则动，不见利则止，慎不可轻举也。”（《百战奇略·重战》）其次，“合于利而动”不是唯利是图，见利就争，见便宜就抢，否则，争抢到手的往往是诱饵，利会变成害。第三，“合于利而动，不合于利而止，”强调要兼顾利与不利两个方面。有利则动，则争；无利则止，则弃。动与争是为趋利，止与弃是为避害。“趋利避害”是将帅运用“合于利而动，不合于利而止”谋略时必须把握的基本原则。特别是“合于利而动”不能只限于眼前的、局部的利益，而要着眼于长远的全部利益。

军事斗争如此，政治、经济、外交，甚至人际关系领域，都是如此。执政者在社会治理中制定政策和做出决策时，必须以民众公共利益为上；在外交政策及外交事务中必须以国家利益至上；在经营管理中必须以员工和用户利益至上；在商业竞争中，不能唯利是图，应当在竞争合作中努力实现互利多赢；在人际交往中，更不能见利忘义，应当义以生利。所有人都应把维护国家利益和民族利益作为行动的准绳，个人利益服从国家、民族利益的大局，必要时甚至要牺牲个人的利益。

箴言四

经之以五事，校之以七计，而索其情，吾以此知胜负矣。

【出处】

《孙子兵法·计篇》

【原文】

孙子曰：兵者，国之大事，死生之地，存亡之道，不可不察也。故经之以五事，校之以七计，而索其情。一曰道，二曰天，三曰地，四曰将，五曰法。道者，令民于上同意，可与之死，可与之生，而不畏危也。天者，阴阳、寒暑、时制也。地者，高下，远近、险易、广狭、死生也。将者，智、信、仁、勇、严也。法者，曲制、官道、主用也。凡此五者，将莫不闻，知之者胜，不知之者不胜。故校之以七计，而索其情。曰：主孰有道？将孰有能？天地孰得？法令孰行？兵众孰强？士卒孰练？赏罚孰明？吾以此知胜负矣。将听吾计，用之必胜，留之；将不听吾计，用之必败，去之。计利以听，乃为之势，以佐其外。势者，因利而制权也。

【释义】

孙子说：战争是一个国家的头等大事，关系到军民的生死，国家的存亡，不能不慎重周密地观察、分析、研究。因此，必须通过敌我双方五个方面的分析，七种情况的比较，得到详情，来预测战争胜负的可能性。一是道，二是天，三是地，四是将，五是法。道，指君主和民众目标相同，意志统一，可以同生共死，而不会惧怕危险。天，指昼夜、阴晴、寒暑、四季更替。地，指地势的高低，路程的远近，地势的险要、平坦与否，战场的广阔、狭窄，是生地还是死地等地理条件。将，指将领足智多谋，赏罚有信，对部下真心关爱，勇敢果断，军纪严明。法，指组织结构、责权划分、人员编制、管理制度、资源保障、物资调配等。对这五个方面，将领都不能不做深刻了解。了解就能胜利，否则就不能胜利。所以，要通过对双方各种情况的考察分析，并据此加以比较，从而来预测战争胜负。哪一方的君主是有道明君，能得民心？哪一方的将领更有能力？哪一方占有天时地利？哪一方的法规、法令更能严格执行？哪一方资源更充足，装备更精良，兵员更广大？哪一方的士兵训练更有素，更有战斗力？哪一方的赏罚更公正严明？通过这些比较，我就知道了胜负。将领听从我的计策，任用他必胜，我就留下他；将领不听从我的计策，任用他必败，我就辞退他。听从了有利于克敌制胜的计策，还要创造一种势态，作为协助我方军事行动的外部条件。势，就是按照我方建立优势、掌握战争主动权的需要，根据具体情况采取不同的相应措施。

【解读】

《孙子兵法》十三篇始于计篇，而计篇开篇就摆出对战争的看法，提出了通过五个角度、七个方面对整个战争进行评估。评估后，给出了战争过程中的战术原则。最终，对整个战争的胜负提出“多算胜，少算不胜”的“运筹帷幄”的思维方式。至此，构建了计篇的“未战见胜”的逻辑模型。

孙子非常重视和强调管理的决策功能，使得决策思想不仅是《孙子兵法》军事管理思想的重要组成部分，而且是《孙子兵法》的核心及精华所在。在《孙子兵法》中以“计”为首，所谓“计”，“计算策划也，即计划、决策之意。”《计篇》中的决策思想，首先，明确指出“兵者，国之大事，不可不察”，总括“经之以五事，校之以七计”；然后，提出用之必胜的计策，予以保留，用之必败的计策，予以淘汰的准则，并用“因利而制权，因敌而制胜”的原则论述了示形、因敌等策略（诡道）；最后，用“以未战而庙算胜者，得算多也”概括了他的决策思想。

孙子说“夫未战而庙算胜者，得算多也；未战而庙算不胜者，得算少也。多算胜，少算不胜，而况于无算乎！吾以此观之，胜负见矣。”（《孙子兵法·计篇》）孙子指出，开战前就预计能够取胜，是因为筹划周密，胜利条件充分；开战之前就预计不能取胜，是因为筹划不周，胜利条件不足。筹划周密，条件充分就能取胜；筹划疏漏，条件不足就会失败，更何况不作筹划，毫无条件呢？我们根据这些观察，谁胜谁负就显而易见了。

美国著名管理学家赫伯特·西蒙提出："管理就是决策，管理的关键在于决策。"决策是在对外部环境和自身内部条件进行科学分析的基础上制定的管理目标，为保证目标正确落实和实现进行谋划，并依靠组织内部的能力将这种谋划和决策付诸实施，以及在实施过程中进行的一个动态性的管理过程。《孙子兵法》十三篇，从开始到结束，孙子提出了从"经之以五事"到"校之以计"到"索其情"到"知天知地、知彼知己"，最后到"知胜负"的决策制定程序，其中贯彻了能动的、辩证的思维方式，即以对立统一的观念与方法分析问题、解决矛盾的视野与途径，体现出一种战略哲学的大智慧。

特别是"经之以五事，校之以七计"之论，孙子是站在"全局"的角度来论述战略要素，以"五事"、"七计"来说明要素完备与优化是赢得战争胜利的前提条件。战争决策决不能只考虑单纯的军事要素和军事问题，必须同时考虑到政治、经济、道义、心理、地理等诸多非军事因素。这一"运筹全局"的战略思想恰恰与现代管理的系统性是相契合的。军事决策如此，其他领域管理决策又何尝不是如此。

箴言五

将者，智、信、仁、勇、严也。

【出处】

《孙子兵法·计篇》

【原文】

将者，智、信、仁、勇、严也。

【释义】

作为将领的人，要足智多谋，赏罚有信，关爱部下，勇敢果断，军纪严明。

【解读】

孙子非常重视将帅的自身修养，认为这是成功治理军队的关键，也是战争胜败的重要因素之一。所以他在《计篇》中提出“将者，智、信、仁、勇、严也。”后人称之为“为将五德”。所谓“为将五德”，是说一个优秀的将帅必须具备五个方面的品质和才能。用现代语言解释：智，即智慧，为将要多谋善断。王皙解释说：“智者，先见而不惑，能谋虑，通权变。”（《十一家注孙子·计篇》①）信，即是诚信，又是威信，更是赏罚有信。仁，即爱兵抚士，爱兵如子。孙子主张：“视卒如婴儿，故可与之赴深溪；视卒如爱子，故可与之俱死。”（《孙子·地形篇》）意思是，为将之人应该像爱护婴儿一样爱护自己的士卒，这样士卒便甘心情愿与他同甘苦、共患难；要像对待爱子一样对待自己的士卒，这样士卒便甘愿与他同生共死。这是激发部队战斗力的重要因素。勇，即勇敢坚定。严，即明法审令。就是严格要求。军纪严明，军令如山，这是治军的基本要求。梅尧

---

① 《十一家注孙子》是孙子兵法的重要传本之一。一般认为它来源于《宋史·艺文志》著录的《十家孙子会注》，由吉天保辑。注家为：曹操、梁孟氏、李筌、贾林、杜佑、杜牧、陈皞、梅尧臣、王皙、何氏与张预。可能刊于南宋孝宗年间，现存主要版本有：宋刊《十一家注本》、中华书局于1961年影印本、上海古籍出版社1978年重印本。宋本《十一家注孙子》，在许多方面长于他本，对孙子兵法校勘有重要价值。

臣注曰："智能发谋，信能赏罚，仁能附众，勇能果断，严能立威。"（《十一家注孙子·计篇》）意思是，有智慧能够形成谋略，讲信用能够做到赏罚分明，行仁义能够众人归附，勇敢能确保遇事果断，纪律严明能确立自己的威信。曹操注释此句时提出，"将宜五德备也"，强调一位优秀的将领，应当五德兼备，缺一不可。这样才能真正具备"大将风度"。正如唐代贾林评价的那样："专任智则贼，偏施仁则懦，固守信则愚，恃勇力则暴，令过严则残。五者兼备，各适其用，则可为将帅。"（《十一家注孙子·计篇》）

仔细分析"为将五德"的管理意蕴，包含以下含义：第一，以"智"为上的指挥才能；第二，"信"、"严"并重的管理本领；第三，以"仁"、"勇"为核心的带兵操作；第四，强调以静、幽、正、治为主体性格的情操修养。孙子说："将军之事，静以幽、正以治。"（《孙子·九地篇》）这短短的一句话包含着相当丰富的内容。"静"意为沉着镇定；"幽"意为深谋远虑；"正"意为公正无私；"治"意为条理井然。因为军队是国家的基石，将帅只有品德高尚，作风过硬，率先垂范，才能真正得到全军官兵的尊敬和认同，才能真正管住军队，才能以自己的高尚品质去影响他人。正如孔子所说："其身正，不令则行；其身不正，虽令不从。"现代组织或企业的领军人物又何尝不是这样？领导者需要沉着、镇静，幽深而有城府，公正严明，有条不紊。

《孙子兵法》之后，《孙膑兵法·将义》[①] 对主体精神的仁、德、信等因素在用兵管理中的作用也十分重视。其一，"将者不可以不仁，不仁则不克，军不克则军无功，故仁者，兵之腹也。"意思是，

---

① 《孙膑兵法》是《孙子兵法》后"孙子学派"的又一力作，是反映战国时期兵家思想的代表作之一。《孙膑兵法》古称《齐孙子》，作者为孙膑，传说他是孙武的后代，在战国时期生于齐国阿、鄄之间（今山东省阳谷、鄄城一带），曾和庞涓一块儿学习兵法。《汉书·艺文志》称"八十九篇，图四卷"，但自《隋书·经籍志》始，便不见于历代著录，概大约在东汉末年便已失传。1972 年，临沂银雀山汉墓竹简出土，这部古兵法始重见天日。1985 年，文物出版社出版的《银雀山汉墓竹简（壹）》中，收入《孙膑兵法》凡 16 篇，系原上编诸篇加上下篇中的《五教法》而成，其篇目依次为：擒庞涓、见威王、威王问、陈忌问垒、篡卒、月战、八阵、地葆、势备、兵情、行篡、杀士、延气、官一、五教法、强兵。

军队的将领不能不仁爱，将领不仁爱军队就不会有制胜的能力，军队没有制胜的能力就不能使用。所以说，仁爱是统兵的中心事项，就像人必须有腹心一样。其二，“将者不可以无德，无德则无力，无力则三军之利不得。故德者，兵之手也。”军队的将领不能不施恩德，将领不施恩德就没有威力，没有威力的将领就无法发挥全军的威力。所以说，恩德是统兵的手段，就像人必须有手一样。其三，“将者不可以不信，不信则令不行，令不行则军不摶，军不摶则无名。故信者，兵之足也。将者不可以不智胜。”军队的将领不能不讲信用，将领不讲信用，他的命令就无法贯彻执行，军令不能贯彻执行，军队就不能集中统一，那军队就不会有声名了。所以说，信用是统兵的支点，就如同人必须有足一样。军队的将领不能没有智慧。其四，《孙膑兵法·八阵》认为带兵打仗还必须有智有勇。他说：“智不足，将兵，自恃也。勇不足，将兵，自广也。不知道，数战不足，将兵，幸也。夫安万乘国，广万乘王，全万乘之民命者，唯知道。知道者，上知天之道，下知地之理，内得其民之心，外知敌之情，阵则知八阵之经，见胜而战，弗见而诤，此王者之将也。”孙膑认为，智谋不足的人统兵，只不过是自傲。勇气不足的人统兵，只能自己为自己宽心。不懂兵法，又没有一定实战经验的人统兵，那就只能靠侥幸了。若要保证一个万乘大国的安宁，扩大万乘大国的统辖范围，保全万乘大国百姓的生命安全，那就只能依靠懂得用兵规律的人了。所谓懂得用兵规律的人，那就是上知天文，下知地理，在国内深得民心。对外要熟知敌情，布阵要懂得八种兵阵的要领，预见到必胜而出战，没有胜利的把握则避免出战。只有这样的人才是足当重任的将领。这些都需要现代军队领导者和组织管理者深刻学习体会的。

箴言六

凡战者，以正合，以奇胜；奇正之变，不可胜穷也。

【出处】

《孙子兵法·势篇》

【原文】

凡战者，以正合，以奇胜。故善出奇者，无穷如天地，不竭如江海。终而复始，日月是也。死而更生，四时是也。声不过五，五声之变，不可胜听也；色不过五，五色之变，不可胜观也；味不过五，五味之变，不可胜尝也；战势不过奇正，奇正之变，不可胜穷也。奇正相生，如循环之无端，孰能穷之哉！

【释义】

大凡作战，都是以正兵作正面交战，而用奇兵去出奇制胜。善于运用奇兵的人，其战法的变化就像天地运行一样无穷无尽，象江海一样永不枯竭。像日月运行一样，终而复始；与四季更迭一样，去而复来。宫、商、角、徵、羽不过五音，然而五音的组合变化，永远也听不完；红、黄、蓝、白、黑不过五色，但五种色调的组合变化，永远看不完；酸、甜、苦、辣、咸不过五味，而五种味道的组合变化，永远也尝不完。战争中军事实力的运用不过"奇"、"正"两种，而"奇"、"正"的组合变化，永远无穷无尽。奇正相生、相互转化，就好比圆环旋绕，无始无终，谁能穷尽呢！

【解读】

《孙子兵法》活的灵魂就是辩证思维，基本上每一篇都围绕诸如全破、奇正、虚实、强弱、攻守等战争的矛盾关系进行辩证分析。孙子的战略机智因此被国际战略学界奉若神明，享有至高荣誉。

正如诸葛亮所言："兵以奇正为始。"（《便宜十六策·治军》）"奇正"是我国古代军事家最关注的话题之一，也是《孙子兵法》中一对非常重要的范畴。孙子推崇"正合奇胜"的军争之道，提出：

“凡战者，以正合，以奇胜。故善出奇者，无穷如天地，不竭如江河。”战场上的“正合奇胜”可以以最小的牺牲赢得战争的胜利，而现代管理工作的“正合奇胜”则可以以较小的代价取得最大的管理效益。孙子曰：“战势不过奇正，奇正之变，不可胜穷也。”为将之人只要注意奇正结合，就能打出许多漂亮仗；企业组织的领导者如果能自如地运用奇正之道，也能在企业经营和商场竞争中牢牢掌握主动权。可见，“奇”与“正”相辅相成是奇正之术发挥作用的关键。只注重“正合”，而不努力创造“奇胜”的条件，必然会错过良好的发展机遇，很难干出一番事业；只知道寄希望于“奇胜”，却不努力去打造“正合”的基础，则很容易落入“白日梦”的陷阱，即便一时得逞，暂时取得的胜利也难以持久。归纳起来，正合奇胜之法主要有如下运用方式：一是以正为基，以奇求胜；二是平时用正，战时用奇；三是奇正相生，不可胜穷。

孙膑继承了孙子“正合奇胜”的军事思想，在他撰写的兵书中，专门用一篇来讨论“奇正”问题。他明确地对什么是“正”、什么是“奇”做出了界定：“形以应形，正也；无形而制形，奇也。奇正无穷，分也。”（《孙膑兵法·奇正》）孙膑认为，用有形的东西去制伏有形的东西，就叫做“正”；用无形的东西去制伏有形的东西，就叫做“奇”。奇正之所以有无穷的组合，是因为可以对将士进行不同的组合与配置。可见，“正”是实力，“奇”则是机遇；“正”是方向感，“奇”则是分寸感；“正”是原则性，“奇”则是灵活性；“正”是常规打法，“奇”则是特殊打法；“正”是正面钳制，“奇”则是背后突袭；“正”是直线进攻，“奇”则是迂回包抄，等等。将“正”与“奇”两种智慧、两股力量紧密地结合在一起，以“正”对抗，以“奇”突破，就能够创造出许多以少胜多、战无不胜的经典战例，也能够创造出许多出奇制胜的经营管理战略和策略。

最后值得介绍的是，源于南北朝，成书于明清的《三十六计》，是根据我国古代卓越的军事思想和丰富的斗争经验总结而成的兵法策略。原书按计名排列，共分六套，即胜战计、敌战计、攻战计、混战计、并战计、败战计。前三套是处于优势所用之计，后三套是处于劣势所用之计。每套各包含六计，总共三十六计。其中每计名称后的解说，均系依据《易经》中的阴阳变化之理及古代兵家刚柔、奇正、攻防、彼己、虚实、主客等对立关系相互转化的思想推演而成，含有朴素的军事辩证法的因素。解说后的按语，多引证宋代以前的战例和孙武、吴起、尉缭子等兵家的精辟语句，非常值得领导干部阅读。

后　记

如序言所述，中国传统文化奠基于春秋战国时期的百家争鸣。在那个治乱交替的纷争时代，先秦诸子从不同的侧面思考着人类生存与发展的根本问题，创造了一系列中华文化“元典”，其智慧之光穿透历史、思想价值跨越时空，成为国人取之不竭、用之不尽的共有精神财富。从文化源头考察，如果说西方思想史“言必称希腊”，那么中国思想史则“言必称先秦诸子”。中国思想文化其后两千多年的发展都是继承这一基因、沿着这一文脉进行的。因此，当我们面临现代社会生活节奏的加快和职场竞争的激烈带来的压力越来越大时，特别是当改革进入“深水区”、攻坚期，社会治理和组织管理面临种种新的挑战时，不妨时常停下脚步、返过头来聆听一下两千多年前那些圣贤先哲的治政智慧和醒世恒言，必会受到深刻的思想启迪。

就读书而言，有些书是供一时消遣的，看后即可丢弃；有些书是用时才看的，带有明显的功利性；而诸子经典则是需要用一生时间去反复研读，而且是常读常新的，并且随着年龄和阅历的增长，所受到的思想启迪也会愈益深刻。程子（即宋代理学家“二程”中的程颐）曾以《论语》为例谈读书方法，强调“知行合一”。程子曰：“颐自十七八读《论语》，当时已晓文义。读之愈久，但觉意味深长。”“读《论语》，有读了全然无事者；有读了后其中得一两句喜者；有读了后知好之者；有读了后直有不知手之舞之足之蹈之者。”他特别指出：“今人不会读书。如读《论语》，未读时是此等人，读了后又只是此等人，便是不曾读。”以此为鉴，我年轻时，同许多人一样，喜欢摘抄和背诵先秦诸子的一些格言警句，但由于阅历不深，对其理解自然不够准确、领悟不够深刻。进入中年阶段，因为研究管理学课题的需要，曾通读过先秦诸子主要学派的经典著作，并尝试将其转化运用于现代警察管理理论研究中，先后撰写出版过《中国式警察管理》、《中国传统文化与现代警察管理》等著作，发表过一些相关论文。五十岁之后，一套新购的中华书局版《新编诸子集成》进入我的常备书库，诸子经典成为陪伴我聊度余生的必读书目，为的是使个人的思想更加澄明、精神更加自由、生活更加轻松。

近年来，应邀为公安部在山东警察学院举办的全国新任县市公安局局长、政委培训班开设“中国传统文化与现代警察管理”专题讲座，考虑到局长、政委们平时事务性工作比较忙，没有足够时间阅读诸子原典，所以特选择几个主要诸子学派的经典著作，各用五句箴言概要介绍其管理智慧，取得良好教学效果，受到学员好评。本书即是这一教学实践活动的内容提炼与经验总结。先秦诸子经典，如《论语》、《老子》、《孙子兵法》等，尽管字数不多、篇幅不长，但均言简意深，充满格言警句。与已经出版过的众多名言词典及相关书目不同，本书并不对“四库全书”中的“经史子集”进行普遍撒网，也不对先秦诸子典籍的内容面面俱到，而是从诸子百家中精心选择七个最主要的思想学派及其最为经典的著作，从中各撷取六句管理箴言（共42句），以自己多年来的学习体会和“知天命”后的人生阅历解读其所蕴涵的人生修养与治国理政智慧。

本书能够最后付梓，要感谢群众出版社为此付出辛苦劳动的编辑们。由于编者水平有限，释义和解读不当之处在所难免，敬请读者批评指正。

编者

2016年1月